本書獻給奇力爺爺

爺爺的智慧與傳承

SIXTY-ONE

Life Lessons from Papa, On and Off the Court

CP3

CHRIS PAUL

克里斯・保羅

麥可・威爾邦 Michael Wilbon——著
楊正磊——譯

爺爺是一位頭髮中有銀絲、心中藏著金子的長者。

譯者序　不朽的信念與傳承

楊正磊

先謝謝找我翻譯的映儒和時報出版社團隊，才有這麼好看的作品。

翻譯NBA籃球人物的書籍到了第三本，身為譯者，一開始會追求原汁原味的語意和想法，但現在可以漸漸在過程中仔細品味，運用換位思考去感受這些教練或球星的背景和思維。從這本書可以發現，「家人」對於克里斯．保羅來說相當重要，影響也非常深，包括父母親、哥哥、老婆、孩子，當然還有從小一直學習效仿的對象：奇力爺爺。

書中希望能傳達的理念有二：

一、紀念和感謝爺爺，因為保羅的生涯當中，就是小時候看到奇力先生對人事物的態度，進而讓他保持一樣的積極人生觀，然後在家庭、事業、助人上面獲得令人佩服的成就。

二、傳承正面能量，近四十年的人生和近二十年的職業球員生涯，雖然有高低起伏，但保羅還是能夠靠著家人、朋友的幫助，以及自身的智慧消化，繼續充滿動力去面對所有挑戰。

如果要選出ＮＢＡ歷史前五名的控球後衛，我想保羅肯定名列其中。如此不起眼的身材，卻可以在美國職業籃球占有一席之地，持續影響著全世界喜愛籃球的年輕人，他的腦袋裡肯定裝著過人的思維邏輯和球賽解讀，私心希望他可以多打幾年，繼續將這份能力傳遞下去。

可以的話，退休之前，祝福保羅搭上一輛冠軍列車，拿到一座冠軍金盃和一枚冠軍戒指，這樣他的籃球人生應該就圓滿了！

希望所有球迷和讀者們都可以從這本書獲得一些幫助和力量，好好享受閱讀帶來的樂趣！

—目次—

1

那場比賽

二〇〇二年十一月二十日，北卡羅來納州的溫斯頓－撒冷（Winston-Salem），帕克蘭高中對上西福賽斯高中。

那是我高中四年級的第一場籃球比賽，但一度連自己都不確定可不可以上場打球。

想像一下，那可是我最愛的籃球賽、最喜歡的籃球場，不過當時我真的一點都不想碰到那顆球。

對手是帕克蘭高中籃球隊，我媽媽和阿姨隆達的母校，她們是家族唯二在帕克蘭念書的人，其他人都去位於東溫斯頓、被視為「黑人學校」的卡佛高中；哥哥CJ和我則是備受關注的高中球員，就讀位於城市另一邊、被視為「白人學校」的西福賽斯高中。

我最愛的爺爺——大家都叫他「奇力爺爺」（Papa Chilly）——不會在場邊幫我加油了。

一直以來都習慣他在人群中帶著微笑看我打球，現在我不知道該怎麼站上球場，因為再也看不到觀眾席上始終支持著我的那個人了。

我不清楚自己是如何振作起來的，那天還是去了學校，如果要參加籃球比賽，基本要求之一是不能曠課，所以我至少要做到這一點。但和往常不一樣的是，下課後我沒有去體育館，而是直接回家。

我知道隆達阿姨會在家，而且爸爸或媽媽也會在，甚至如果不需要上班，兩個人都會在，另外還有一些從華盛頓和維吉尼亞州來的親友。到家時，大家都聚在樓上的陽臺，一邊回憶往事，一邊吃著東西，互相交流和放鬆。

「嘿！克里斯，你感覺怎樣？」隆達阿姨問我，「今天的比賽幾點開始？」

「七點對帕克蘭高中，到時再看看。」我回答她。

他們不知道我正在猶豫該不該打這場比賽，但通常看到家人們都在，我知道自己必須上場。阿姨和叔叔們不斷地與我擊掌和擁抱，然後說：「天啊！你愈長愈大隻！」或是「蘿萍，妳都餵這些孩子們吃什麼啊？」一段時間不見，這些長輩每次都會這樣說。

「我很高興你會上場比賽。」隆達阿姨說，「他會希望你打。」

「好的，阿姨。」我說。

「爺爺很喜歡看你打球，」她邊流淚邊說，「你今天比賽要不要特別為他做些什麼呢？」

我開始思考，心裡大概有了些紀念爺爺的想法和方式。

奇力爺爺一向很關心哥哥和我，當然包括我們全家，但那時不是很清楚應該用什麼方式將比賽獻給他。

有些人將一系列的比賽或一整個賽季獻給所愛的人；有些人在球鞋側邊寫下家人名字或一些有意義的符號；也有人在球衣內襯花心思，甚至直接在身上刺青，大部分人好像很容易找到方式來紀念重要的人，但原因是什麼？我不是很確定到底哪種方法最適合。

2 爺爺

我一生備受恩典且充滿祝福。

——奇力爺爺

現在我可以向你保證一件事——爺爺的手，絕對是你這輩子見過最髒的一雙手。

從指甲的最上緣到手掌的最下面，感覺永遠沾滿著油汙，這種色差是多年在汽車修理廠的生活中，把雙手泡在潤滑油、機油和汙垢桶裡造成的。

大多數車廠技師會戴著手套工作，但爺爺沒有，他光著手，像古羅馬戰士一樣，獨自扛起整個引擎，放到車子前蓋中，為的就是修理那些其他車廠宣告要送去報廢的汽車。

現實生活裡，我心中的超級英雄就是爺爺，他不會放棄任何一輛車，可以修理所有被拖進或推進修車廠的破銅爛鐵。那雙被油汙染黑的手是傳奇而偉大的，對我們家庭和整個社區的影響，可能比我在籃球場上完成的任何事情都要偉大。

雖然這一點讓ＣＪ（C. J. Paul）和我感到挺困擾的，可是對爺爺來說，他似乎一點也不在意那雙髒兮兮的手。我們每天都看到爺爺把兩隻手泡在一個大大的桶子裡，非常認真地用糊糊的黃色肥皂擦洗著，同時心裡知道那種肥皂一點效果都沒有。

記得《真・喜劇之王》（The Original Kings of Comedy）中那個經典畫面嗎？娛樂大師西追・安東尼奧・凱爾斯（Cedric Antonio Kyles）模仿的老鄰居，嘴裡總是叼著一支香菸的場景。嗯，那就是我爺爺，他完全就是那個樣子。

也許你太年輕沒有看過這部電影，或是對那個橋段不熟悉，沒關係，如果你是南方人，肯定知道這個人，幾乎每個社區都有一個這樣子的人。他會出現在某個十字路口，也可能會在當地的汽車修理廠，或者連鎖修車廠的門口也可以看到這個人。每當你開著一輛引擎出問題的車過去，他就會走出來，用那塊油膩的紅色抹布，擦著髒兮兮的雙手。

「能修好嗎？先生。」你緊張地問，同時注意到那雙骯髒無比的手，心想著這個人一天到晚都在修理和拯救汽車，「可以嗎？」

「我能修好嗎?!年輕人，我在這裡修車已經超過三十年，比你活的時間還長，當然沒問題，我肯定能修好！過來吧！」一看就知道是化油器的問題，把車開到這邊。」當然，他的口氣不是這樣的，應該比較像：「能修好嗎？我搞這個已經三十年了耶！拜託！當然可以搞定。」「來！化油器，肯定是化油器！車開過來就對了！」

他會一邊叼著雲斯頓牌的香菸，一邊自信地說著以上的話，而且似乎有魔法一樣，口中吐出的煙霧會停留、環繞在頭部，菸蒂則慢慢地落在地上。這就是我爺爺，如假包換的爺爺，我超愛這樣的他。

內森尼爾・佛萊德里克・瓊斯（Nathaniel Frederick Jones）是爺爺的全名，大家都叫他爺爺或「奇力」，他毫不做作，灑脫地做自己，這也是我們愛他的原因。

大家應該很好奇為什麼要叫他「奇力」呢？他是十一個兄弟姊妹中的第六個，正好在中間，爺爺的媽媽總是叫他「甜心」（Sugar），但其中一個兄弟歐戴爾（Odell）發不出這個音，念成「詩力」（Shilly）；後來爺爺娶了奶奶瑞秋．瓊斯（Rachel Jones），奶奶發音也不標準，所以變成「奇力」，於是這個叫法一直沿用下來。

奇力爺爺在北卡羅來納州的溫斯頓－撒冷長大，總是自豪地和別人這樣介紹：身高六呎二吋（約一百八十八公分），不是特別高大，但志氣卻像十呎高（約三百零四公分）的男人一樣。

每當他走進房間，都能夠展現出這種氣魄，具有感染力的笑容加上風趣的故事，讓他總是充滿魅力，每個人都知道奇力爺爺，或者想認識他，甚至有很多人依靠他。不知道有多少次，有時是家人、朋友或住在附近社區的鄰居們，都來找爺爺幫忙——「瓊斯先生，我需要幫助。」

無論是家裡的水電費、添購需要的衣物或買日常食物，只要人們要求的，奇力爺爺幾乎有求必應，他會從口袋掏出一疊厚厚的鈔票，非常開心地用手上的紙鈔，一一把問題解決掉，人們不需要準備一大串理由去說服他，也不需要償還這些錢，一直以來，奇力爺爺都不要任何回報，他深深相信能夠幫助人是天底下最有福氣的事。

不管發生什麼事情，不管別人怎麼問，「瓊斯，最近好嗎？」「嗨！奇力，今天感覺怎麼樣？」

爺爺的回答總是一樣：「**我一生備受恩典且充滿祝福。**」

他就是這樣想的，真心相信且每一天持續相信著，也許是常去教堂的關係，很多南方黑人都有這種想法，他們深深覺得上帝選擇了你，就會一直照顧著你，這樣一來，事情能糟糕到哪裡去呢？

擁有自己的加油站是爺爺非常自豪的事情，據我們所知，這是當地第一家由黑人經營的加油站，大多數人以為這是他一直以來的事業，但其實「瓊斯雪佛龍」是他經營的第二家店。

爺爺的第一家店叫「瓊斯考夫」，位置在溫斯頓－撒冷北邊的克萊蒙特附近。一開始，他對這家店感到非常驕傲，不過慢慢了解營運業務之後，爺爺開始有些沮喪，原因是店家所在的土地所有權不是他的，是用租的方式來經營，不完全算是自己的生意。

深知這一點的情況下，爺爺多年來一直嘗試購買土地，可是身為白人的土地所有者，完完全全不想把所有權賣給黑人。如果只是用租賃的方式，房東當然不會介意；不過讓黑人有機會擁有土地，那是絕對不可能發生的事。很不幸的，這樣的情況一直到現在都維持著。

爺爺最偉大的地方是不服輸，包括那個房東在內，沒有人可以剝奪他想完成目標的機會。他一直非常努力認真地工作，深信一切要靠自己的雙手打拚，只要肯拚，所有夢想都可以實現，這就是奇力爺爺。

他耐心地等待著，終於等到一家加油服務站要轉讓，然後就將瓊斯考夫關閉，直接買下加油站，取名為「瓊斯雪佛龍」，一個完全屬於自己、可以萬分驕傲的事業。

媽媽和隆達阿姨不知道爺爺準備買下加油服務站，而奶奶瑞秋還是一如既往地去接女兒們下課，和往常一樣開車經過冰淇淋店，買些甜點給女兒們吃，再帶她們去看爺爺上班。

不過那天奶奶買了冰淇淋給女兒們之後，沒有往爺爺工作的地方開去。

「等一下，為什麼我們不去找爸爸？」我媽問。

「店不是在另外一邊嗎？」

「寶貝，我們不去考夫了。」「我們之後不會再去那裡了。」奶奶笑著回答。

母女三人的車停在一間新的加油站旁邊，奇力爺爺在那裡等她們，身上穿著藍色制服，直挺挺地站著，上方有一個巨大、明亮的白色招牌，上面寫著「瓊斯雪佛龍」。

員工們穿著和爺爺一樣的制服，興奮地準備在新的加油服務站上班，他們也凝視著那塊招牌，臉上帶著得意的成就感。

「爸！那是什麼？」媽媽從奶奶的車裡跳出來，隆達阿姨跟在她後面。

爺爺一把抱住兩個小公主，然後拉開，看著她們說：「這是我們家的了，這個加油站現在是我們的了，這塊土地的擁有者也是我們，這所有的一切就是我一直以來努力工作的成果，」爺爺說，「一個完完全全屬於我們家族的生意。」

我媽媽從大夥的擁抱中抽離，用手指輕輕摸著巨大的「瓊斯雪佛龍」招牌，並且戳了戳標誌，那是塊光滑而冰冷的塑料材質，她抬起頭，自豪地笑著看向爺爺。

「這是我們的了，」爺爺再一次對兩個女兒強調，然後和另外兩位穿著藍色制服的工作人員說，「開始幹活吧！」一直到今天，我依舊記得加油站的電話號碼——七二三二二三二。每次接電話時，我都會說：「瓊斯雪佛龍，您好。」

那時一般人對加油站的看法比較像休息服務區，或是買糖果、咖啡、汽水、香菸、啤酒或彩券的地方，但奇力爺爺的瓊斯雪佛龍加油站很特別，與眾不同。

那裡會有一種像家一樣的感覺，從各個角度看，爺爺把這家店當作家族企業來經營：他用了當地最好的技師，全部親自培訓，盡全力讓每一位客戶感到備受重視，這是我在其他修車廠或加油站從來沒有看過的服務表現。

試著想像一下，當車子的變速箱出了問題，卻一點也不用擔心，因為你知道瓊斯先生和他的專業團隊是最好的後盾。他們真誠對待所有客人，不會收取不需要的費用，並且總是溫馨提醒著：「記得檢查和定時更換車子的油和水，」爺爺會這樣告訴車主們，把他們當作家人般看待，「這是保護引擎的最佳方式。」

爺爺店裡所有的員工都會換油、換輪胎、進行調整、修理發電機、檢查煞車盤，以及安裝零件，有時甚至還會更換整個引擎，他們對汽車的一切事情都非常清楚且做得相當出色。

我永遠記得瓊斯雪佛龍進行例行驗車檢查的價格：十九．四美金。知道為什麼嗎？因為大多數客人會用一張二十美元的鈔票付款，順手把找來的六十分零錢賞給哥哥CJ和我，這對我們來說很重要，非常重要！如果想從自動販賣機裡投幣買一罐葡萄汽水或一罐胡椒博士可樂，每一分錢都必須好好地省下來。

如果那天是個好日子，好運氣多那麼一點的話，我們甚至買完飲料之後，還會剩下二十五分硬幣，可以再去多買一條口香糖。回想起那些日子，這些小零錢可以存得很快，因為很多客人都會來爺爺的店裡檢查或修理車子。

值得一提的是，其他地方會因為車窗顏色太深而無法通過驗車，不過我們完全不在乎這點，反而更照顧那些貼著深色隔熱紙的車主們，所以這些客人常回來我們這裡，他們覺得只是隔熱紙，應該不違法，驗車之後就隨心情貼上各式各樣的膜紙，對我和哥哥而言，留住這些客人是維持六十分錢持續進帳的最佳策略。

有時是爸爸，有時是媽媽，其中一位會把我們送到爺爺的加油服務站，這家店距離我們在城市另一邊的家約二十分鐘的車程，最早有可能早上六點就把我們送到那裡了。

哥哥和我真的像正職員工在那裡工作一樣，全身心投入其中，我們心中也的確認為自己在那裡上班，甚至會和爺爺一起喝一杯咖啡。還記得爺爺的咖啡加了超級多糖，那種可以讓你陷入糖尿病昏迷的多。因為實在太多了，如果把一根湯匙放進杯子裡，湯匙會豎得筆直，我喝完後馬上就有蛀牙的感覺，但這不重要，因為我們是在向爺爺學習，和爺爺一起上班。

不過現在的我不太能喝咖啡了，完全不用懷疑，就是因為我在加油站打工時，喝了嚴重過量的咖啡。

從我六歲、CJ八歲開始一直到高中，我們不是在籃球場、美式足球場或教堂，就是在加油站，那些在店裡閒逛的日子，哥哥和我從奇力爺爺身上學到很多人生寶貴的經驗，也親眼見識到爺爺身體力行，用行動把握住機會，並且獲得最多回報。

每次我對別人說：「我爺爺擁有一間加油服務站兼汽車修理店。」他們都認為爺爺是老闆，對吧？在這個前提下，一般人會覺得他應該舒服地坐在躺椅上，輕鬆地看著員工們替他工作，但事實並非如此。

爺爺上班時比任何人都認真，甚至付出更多，他對於工作的態度激勵了我們，讓我們更想投入工作。每當客人把車開進入加油站，CJ和我會衝到自助加油機旁邊，對著他們說：「我來，交給我！」因為我們想要賺更多小費。

甚至念小學時，我就學會怎麼換機油了，因為看到爺爺做起來如此輕鬆，我們想和他一樣，做他所做的一切。看到他當老闆，又當技術員，扮演這麼多角色且經營著公司，真的開啟了我的眼界，奠定了我心中追求勤奮努力的基礎。

這些想法如何轉化到籃球上呢？最好的體現應該就是專注防守吧！試著找到自身所有優勢，第一個抵達球場，最後一個離開，這些基本原則來自我在加油站那些辛勤工作的日子，我一直試圖學習爺爺一樣地努力工作。

這種態度至今依舊深深印在我心中，即便到現在，無論我在球隊中擔任什麼角色，永遠不變的一點就是全力以赴。不管其他人如何，比我壯，比我高，甚至比我快，但有一件事是無法和我比較的，就是我一定比他們更努力，這一切都要感謝奇力爺爺。

瓊斯雪佛龍有三間修車廠和三家加油站，有一個全服務的修車加油站，哥哥和我常在那裡打工，努力賺取更多小費，希望有一天可以買一雙喬丹球鞋給自己；第二好的賺錢地點就是自助加油，位在更靠近大街的地方，加油區外面有一塊腹地，有些爺爺的老客戶喜歡聚集在那裡。

一小群老頭子會在兩個大大的棕色公車座椅上擺攤，這兩張座椅是奇力爺爺刻意焊接在那塊空地上的。聚在那邊的人，我們統稱為「瓊斯信徒」，他們常高談闊論，聊著大大小小不同故事，描述過去難忘的美好時光——其中約百分之九十九的內容肯定不適合小孩子聽，但ＣＪ和我完全不在乎，我們全神貫注，聽得津津有味。

如果你看過電影《哈啦大髮師》（Barbershop），又或者去過黑人理髮廳，你就知道我在說什麼了。

這些信徒們天南地北聊著，用詞變得非常有創意，我們家裡不罵髒話，所以ＣＪ和我也不會，不過常在加油或打掃時突然聽到：「這他媽的混蛋！」就會馬上抬起頭，試著聽清楚他們在講些什麼。一般情況下，都是在爭吵籃球或美式足球，從地方高中比賽到職業聯盟，一下子說溫斯頓－撒冷州立大學打得好，一下子又開始讚揚麥可．喬丹（Michael Jordan）和芝加哥公牛隊。

凱冷先生（Mr. Kalem）、尤利西斯先生（Mr. Ulysses）和麥寇伊先生（Mr. McCoy）三人總是喜歡來這裡聊天，麥寇伊先生總是拿著裝滿菸斗渣渣的紅色杯子，他會一邊說話，一邊吐出來，一想到就覺得噁心，因為真的太噁了。

還有一個叫做波（Bo）、只有一隻手臂的越戰老兵，他會把襯衫的左袖子摺得整整齊齊，順順地放進襯衫口袋，看上去感覺非常自然，波在我心中一直有個特殊地位。我最欣賞他的地方是波從來不希望任何人為他感到遺憾，他不斷向我們證明，自己可以做到雙手完整的人能做到的任何事，所以他會在沒有人幫助的情況下，用單手舉起巨大輪胎。

CJ和我常問波什麼時候會把左手臂拿回來，他不希望我們感到難過，所以總是開玩笑地告訴我們：「喔，別擔心，聖誕節就會拿回來。」這樣的說法足夠讓我們這些孩子們為他高興，然後天真地相信著。

還有一個人不能不提，就是瓊斯信徒中最著名的成員，綽號「大房子」的克拉倫斯・蓋恩斯（Clarence Gaines）。

如果你不抽菸草也不看籃球，可能不知道這個人，但在他的年代，一講到「大房子」，根本不需要多做介紹：蓋恩斯在溫斯頓－撒冷州立大學打球和執教將近五十年，成為美國大學籃球歷史上最成功的教練之一。這不僅是黑人歷史或大學籃球史而已，在世界各地所有的大學籃球中都是頂尖，最終，「大房子」成為少數入選籃球名人堂的黑人教練之一。

事實上，蓋恩斯可能是黑人大學籃球歷史上最著名的教練，他總是會出現在加油站的公車座位，和所有信徒們一起閒聊，如果話題沒有圍繞在溫斯頓－撒冷州立大學，表示「大房子」正回憶那些在巴爾的摩、他是摩根州立大學美式足球明星的日子了。

每次蓋恩斯出現，我們這些年輕人的耳朵會立刻打開，盡可能聽取全部有關教練在不同城市生活，以及成為大學運動明星的大小故事。

哥哥和我開始漸漸參與更多體育運動，「大房子」會很好奇地詢問我們關於比賽的內容，戰況如何、誰在場上負責些什麼，當我們變得更有名時，他和爺爺說：「我聽說了你的孫子們，特別是那個小的。我知道大的那個會打，但他們在討論的是那個小的很特別。」

有一次，蓋恩斯甚至來看我比賽，結束後他找到我說：「嘿，你這小傢伙能打喔！」我記得那是第一次感受到或許ＮＢＡ（美國職籃）的希望和夢想並不遙遠，而我竟然有機會和「大房子」分享那種感覺，原因就是爺爺。

大多數日子裡，「大房子」和瓊斯信徒們，尤其是尤利西斯先生，總是一起喝著咖啡，抽著香菸，開心地討論聊天，這些人喜歡開玩笑，取笑爺爺的髒手和假牙，爺爺也會反擊，大家笑成一團，我們甚至能聽到奇力爺爺嘴巴裡人工假牙碰撞的聲音，都要歸功於尤利西斯先生，他太有趣了。

大夥兒喜歡訂亞金納餐廳（Ackingna's Place）的午餐，因為就在路邊，距離我們很近。餐廳有一個鮮藍色的遮雨篷，我通常會點雞翅，ＣＪ會點漢堡，爺爺則點一些他當天想吃的食物，可能是三明治，或是一些比較好咬的。

準備吃午餐時，那些信徒們也會加入。開動前，爺爺會用他剛修了某個引擎的油膩雙手，塞進嘴裡把假牙取出來，這時他整張臉會像折起來一樣。

他會用一小張餐巾紙把假牙包起來放在桌子旁邊，然後開始吃飯，雖然有時他想說些什麼，但半咬爛的食物和口水，讓他的話完全聽不清楚了。

「瓊斯，把你他媽的牙齒放回嘴巴裡再說話！」總會有人這樣喊爺爺，我們全都笑了，包括爺爺。

講到爺爺的牙齒，我不能不提，他幾乎兩、三天就會搞丟一次，讓大家很頭痛。有時他會不小心把包著假牙的餐巾紙直接丟到垃圾桶，過了好一陣子才想起來，然後跑回去找；如果真的找不到，就得等上幾天，才能從牙醫那裡拿到一套新的人工假牙。好笑的是，收到新假牙之前，爺爺只能過著無牙的日子。

當大家想不到有趣話題時，尤利西斯先生就是打破尷尬局面的人，他最常用也最喜歡的哏之一就是方向盤笑話。

每次，我是說每次喔！只要有舊的方向盤放在那裡，他就會撿起來，悄悄進到爺爺的辦公室說：「剛剛有個顧客說車子方向盤怪怪的。」爺爺回過頭來，就看到尤利西斯拿著方向盤，放在兩腿中間，開始笑著說：「這方向盤他們搞不定啊！」

一邊說，一邊從嘴裡吐出一團團的煙霧。就算沒有道具可用，他也可以找到任何方式，用上這個老派又瘋狂的笑話。

不管店裡人多不多，氣氛熱不熱鬧，爺爺總是開著收音機，把典型的節目當成背景音樂播放，像是天氣預報、即時新聞、交通狀況、體育賽事，甚至一些懷舊老歌，也會被爺爺偷偷加到播放清單中。

無論當地發生什麼事情，爺爺有一點永遠不變，就是確保大家能聽到過世人名的報導。每天同一時間，和鐘錶一樣準時，爺爺會在修車修到一半的時候，偷偷瞄一眼時鐘，對我們喊：「喂！你們其中一個人，幫我把收音機調大聲點！」

我們會聽到很微弱的嗡嗡聲，收音機裡的主持人開始念出過去二十四小時內離開人世的名單。

奇力爺爺會停下手中的工作，並要求我們安靜，很像是一場星期日的傳道會，或許有點詭異，但對我們來說很正常。

「啊！他去世了。」「喔！不是，不是某某先生。」爺爺會這樣說。

我發誓，爺爺幾乎認識一半以上去世的人，其中大多數人和爺爺有一些交情或故事，我想他是希望每個人都能了解一些關於其他人的事，以此來紀念他們，雖然大部分時間都是他在自言自語，試圖在內心和另一個人的離世做出道別。

「喔不，我不知道蓋瑞生病了。」

「真令人難過，我們還是學生時，他超受女孩子歡迎的。」

「他那頭帥氣的捲髮，總是讓女生們一直談論著。」

有一天，爺爺這樣談到一位老朋友，輕輕笑了笑，點了點頭，又繼續回到工作。

我無法記得每一個人，但他好像都認識，不然就是對每一位或多或少都有些印象。爺爺的記憶力真不是蓋的，這點我非常確定，也是我想得到的特質之一。

有時爺爺會因為我們和信徒們玩鬧太久，聽太多下流的笑話，或是問了太多問題，而責備沒有把工作做完的哥哥和我，他穿著深藍色褲子，淺藍色襯衫，後口袋裡塞著一條紅色抹布，菸草掛在嘴上，揮舞著雙手說：「你們兩個現在不是應該在工作嗎？」這時ＣＪ和我會迅速站起來，因為我們不想讓爺爺生氣。

有一點應該強調一下，就是信徒們有一種習慣，不管是香菸、雪茄還是口香糖，當抽完香菸、嚼完菸草後，表示這段閒話家常的時間結束了，這是不成文的老規矩，畢竟這裡的每個人都在抽菸，或是嚼著和菸草有關的東西，只是我一直知道這些東西不適合我。

事實上，我滿害怕菸草的，因為八歲時，我看到奶奶瑞秋死於肺癌，所以難以忘記抽菸會致命。從我小時候就一直記得，我曾因奇力爺爺抽菸而對他生氣。

奶奶去世後不久，有一次，CJ和我拿走爺爺的一包菸，撕碎後全部扔到垃圾桶裡，那時我們只想表達抽菸不好，但因為年紀太小，不知道香菸的價格有多貴。爺爺發現後非常生氣，是我們從來沒感受過的那種怒氣。

「CJ！克里斯！你們拿我的香菸幹什麼？」我們嚇到傻住，因為我們最不想做的就是惹怒爺爺。「你們知道一包菸多少錢嗎？你們是不是瘋了?!」

我們以為這是在幫助爺爺，讓他不要罹患癌症，應該獲得一些獎勵才對，這是健康且正確的事情。但他根本不這麼想，相信我，之後我們再也沒有把他的香菸扔進垃圾桶；我們聰明地改變策略，開始趁他不注意時，把香菸一根一根地拿走，這樣他就不會發現了。

我們從來沒有因為爺爺抽菸而批評他，在溫斯頓－撒冷，幾乎每個人都抽。

我記得很久以前，坐車去加油站的路上，想要打開車窗，呼吸一些新鮮空氣，結果菸草的味道馬上飄進車子裡，車內充滿菸草味，這種氣味會一直黏在衣服上，要用洗衣機才洗得掉。

四〇年代，溫斯頓－撒冷有百分之六十的工人都是雷諾菸草公司聘請的，這家公司成立至今約有一百五十年歷史。

溫斯頓－撒冷曾是北卡最大的城市，而雷諾是美國第二大的菸草公司，這麼多年以來，雷諾大廈一直是巴爾的摩以南地區最高的建築物。雷諾菸草對溫斯頓－撒冷，甚至對北卡羅來納州的重要性不言而喻——基於這些因素，各式各樣的香菸和菸草已融入每個人的生活及文化中，成為這座城市的核心。

即便我在讀書時，學校的校外教學也是參觀菸草工廠，看看香菸怎麼製造出來的，因為這是當地推動經濟的重要關鍵。

瓊斯加油站對社區裡的人們非常重要，許多需要幫助的人會直接去加油站，他們知道那裡有工作和賺錢的機會。

爸爸有幾次被裁員，他完全不假思索，直接去加油站上班，一直到想出下一步計畫。如果原本的工作進行地不是很順利，很多人也沒有想要休息一段時間，都直接到加油服務站報到，因為奇力爺爺總是會支持。瓊斯加油站意味著努力工作，象徵為家庭付出，盡力做應該做的事。

甚至很多失業的人，回家告訴他們的家人之前，都會先找到爺爺，他們知道爺爺至少會試著找到一些解決辦法，永遠張開雙臂歡迎他們，並準備幫助他們學習永遠受用的技能，讓每個人都有能力，好好照顧自己的家庭。

來來往往，不管有多少人曾在那裡工作，有一件事可以肯定，就是爺爺必定是第一個開門和最後一個關門的人。完成一整天的工作之後，他會親自關閉加油站，到我們比賽的球場，走進場館時，因為他的那雙手，每個人都知道爺爺從哪裡來看球的。

那雙手代表著他真正努力工作、他的辛勞，以及他為我們打下的基礎。

有時我有同樣的感覺，身為NBA球員，動過四次手術，傷疤可以做為證明，我的雙手就是在球場上的付出，以及職業生涯成就的證據。雖然我的手永遠不會像爺爺的那樣沾滿油漬，但也用屬於自己的方式，通過許多球場上的考驗。

我想這是和奇力爺爺從未想過的一種羈絆，雖然方式不太相同，但都意味著同一件事：

努力工作。

3

堅持

你怎麼看待任何事，就怎麼看待每件事。

——瑪莎．貝克（Martha Beck）

我不知道自己的雙手是否可以和奇力爺爺一樣具有代表性，但我確定我們都擁有十足的職業道德。

爺爺在修車廠工作一直非常堅持、努力，而我也將這種精神帶到籃球場上，你不能害怕，必須無所畏懼，不然要怎麼面對挑戰呢？

一直以來，我都非常自豪自己在工作上的態度，這就是爺爺和我的堅持。

說到底，像爺爺這樣的人，不需要看起來華麗而花俏，也不需要得到工作報酬之外的任何特別關注，奇力爺爺沒有像汽車百貨中心一樣擁有十幾個連鎖服務站，但他提供最高水準的服務；同理，我想自己不會長到七呎（約二百一十三公分）那麼高，但我一直相信頂尖的職業道德，可以彌補身高上的不足。

當然，誰不想在球場上充滿爆發力，能夠快速過人後飛身扣籃，但我從爺爺那裡學到一個球員要有韌性、要能堅持，要把所謂的劣勢當作優勢，如何在不使用蠻力的情況下，找到對手的弱點。

我不需要成為ＮＢＡ聯盟中那些高個子球員，因為我很早就學會要有創造力，要知道如何運用各種方法傳球、得分，以及贏下比賽取得勝利。

我總是把比賽當作一等一的大事，只不過現在的精力和以前在後院或ＹＭＣＡ（基督教青年會）時不太一樣，過去是和年齡差不多的伙伴們一起打球，現在舞臺不同，我旁邊的是十四歲的兒子，小克里斯（Lil Chris），以及十歲的女兒卡琳（Camryn）。

專注於當下所做的事情，可以讓你在任何想做的事情上取得成功。

投身工作絕對比毫無意義的說詞、炒作或表面功夫更有說服力，更能展現一個人的價值，「勤奮」是我喜歡的詞，我用行動讓這個詞「說得」更加流利。

我可以整天和你談如何勤奮工作，因為這是我所知道的一切，上帝也知道。我希望每次踏上球場時，勤奮訓練的成果都能表現出來，真的，我從來不會停下腳步。

這就是為什麼我總是說：「現在還不能放棄。」

當我從休士頓火箭隊被交易到奧克拉荷馬雷霆隊時，很多人認為我的職業生涯應該差不多了，而第二天早上，前往訓練場館的路上，我聽到的第一首歌是瑪莉二人組（Mary Mary）的福音歌曲——〈現在不能放棄〉（Can't Give Up Now）。

當時媒體認為我們進到季後賽的機會只有百分之〇．二，不過最後我們以第五種子的身分晉級，而更諷刺的是，第一輪七戰四勝系列戰，我們戰到第七場敗北，輸給我的老東家休士頓火箭。

儘管如此，我從來沒有停止相信自己的隊伍，直到現在，我還是以這首歌的信念生活，每場比賽都會在球鞋上寫下這句話。

堅持不放棄，意味著優勢。

我很快就明白為什麼那些做小事情的球員們，對一個球隊如此重要。

大多數人花很多心思關注外表，而不是努力工作，或是過於專注於物質上的需求，完全忘記贏球的重要性。對我來說，成為一名職業籃球運動員，不是為了擁有好東西和出名，這些只是附帶而來的價值。

真正推動我前進的力量是勤奮付出的過程——你必須努力，才能在比賽中發揮完全的自己，包括深夜的訓練和早起的自律，我真心愛著籃球、愛著比賽，認真想成為那些頂尖球員的其中之一。

我可以很自豪地說：我從爺爺、媽媽和爸爸，以及哥哥CJ那裡，扎實地學到了這一點，是他們塑造了我，使我在追求成功的過程中，一直堅持著，一直努力著，不屈不撓地拚戰，我也希望可以把同樣的精神傳承給孩子們。

這其實不容易，同時讓孩子們珍惜擁有的東西並辛勤工作，是具有挑戰性的平衡，做為一個父親，我意識到，父母的過去對塑造他們的未來至關重要，如果我希望他們重視過程，就必須了解家族歷史，以及如何養成職業道德，這就是為什麼我會花時間到北卡羅來納州，發掘我們家族的根源。

老婆珍妲（Jada）和我，以及我們的家人，現在都試圖向孩子們講解這一點，因為他們的年紀稍長了，除了講述「過去的日子」之外，我認為身臨其境去體驗爺爺的加油站能量也很重要。聞聞空氣和煙霧，看看修車廠的位置，感受一下爺爺的快樂之地，這是教導孩子價值觀的另一個層次。

「你們必須去看爺爺的加油站，我都不確定它現在是什麼樣子了，但我確定我們很快就會回去看看，我一定會帶你們去。」我對小克里斯和卡琳這樣說了很多次。

做為一家人，卻沒有去過爺爺的工作地，這讓我很困擾。有時比賽行程讓這件事變得很困難——一個漫長的賽季，東奔西跑，還有孩子們的學校——但他們現在已經到了必須回家看看的年齡，一轉眼就要從高中畢業了，日子總是過得很快，我真的迫不及待地想帶他們去看看瓊斯加油服務站，而不只是看看照片。

二〇二一年夏天，終於可以實現這個計畫！

我們打算幫爸爸的父母重新裝潢家裡，剛好可以花些時間帶孩子們到加油服務站和我成長的地方看看，我希望他們能理解，家族根深柢固地扎根在溫斯頓－撒冷的土壤之中。

家族裡的每個人都努力工作，從奇力爺爺開始，他每天早上七點就會開店，就算世界末日要來了，那個令人依賴的車庫門還是準時打開。甚至有時候，爺爺會在哥哥和我有籃球或足球比賽的日子提前開門，這樣他可以早一點打烊，盡快到球場看比賽，確保自己不會錯過我們的精彩表現。

爺爺是超級鋼鐵人，從來不請病假，或是因其他理由不上班，我到現在還不明白他到底是怎麼做到的。從星期一到星期六，打卡、上班、打卡、工作，直到奶奶去世之前，這一切都沒有改變。媽媽無法忍受爺爺不休息，但努力工作就是他所知道的一切。

奶奶瑞秋去世時，是我第一次如此近距離接觸到死亡，現在談論這件事有點瘋狂，因為我的一生被這件事巨大地影響著。

當然，那時的我沒有意識到這一點，因為只有八歲，但我清楚地記得他們關上奶奶棺材時的情景：我們坐在教堂第一排左側，那是我們的教會，夢幻樂園浸信會。我坐在爺爺旁邊，他把手臂搭在我的肩上，告訴我不要哭，因為我們需要為媽媽和隆達阿姨堅強起來，爺爺可能不知道這些話我記在心裡一輩子，因為那個時刻，他剛失去了妻子，卻還有力量說出那些話，是一股特別而強大的力量。

我往右邊看，阿姨正對著棺材哭泣，人最終的死亡打擊了她，也打擊了我們所有人。棺材蓋闔上時，意味著瑞秋奶奶真的離開我們了，我一直無法克服那一刻的悲傷感，我想這就是為什麼至今還是很難面對死亡並出席葬禮的原因。

奶奶離開後，爺爺終於妥協，決定去度假，且試著參加其他活動，像是家庭聚會等，但他總會補班，把沒工作到的時間補齊。

失去老婆好像喚醒了爺爺，讓他意識到不能一直工作，人的一生不只有工作。我的意思是，以前他總會把店開到晚上七點或七點半，甚至更晚，但奶奶去世後，他都在下午六點打烊，或許看起來沒有差很多，但對我們來說是一個非常大的改變。

努力工作其實不是從爺爺開始的，我們家族在溫斯頓－撒冷的根源，可以追溯到奴隸制度時期。

彼得．奧利佛（Peter Oliver），一位能力超群且胸懷壯志的陶工，一八〇〇年六月，走進賓州的一家法院，要求獲得自由。

這個故事最棒之處不是他和奴隸主之間的鬥爭，而是所有摩拉維亞人一起努力出來的成果：奧利佛想出一個方法來擊敗制度，他透過出售陶器賺到足夠的錢，支付給一個叫彼得．萊納特（Peter Lehnert）的白人，請萊納特將他從原本主人那裡買下，奧利佛的主人認為已經從勞動中賺到足夠的錢了，還可以透過買賣奴隸獲取更大的利潤。

計畫完全成功，原本的主人不知道是奧利佛和萊納特共同策劃的想法，當萊納特順利買下奧利佛時，兩人立刻到賓州法院，申請還給奧利佛自由。

然而，這個計畫不只是這兩個人完成，而是摩拉維亞人的集體努力，他們一起幫助奧利佛贏得自由，這是一次成功的團隊行動。

成為自由之身後，奧利佛回到溫斯頓–撒冷，結婚生子，繼續從事陶藝工作，享受人生接下來的日子，直到一八一〇年去世。

彼得．奧利佛是我曾祖父好幾代前的親戚，這讓我非常感動，他沒有找理由和藉口，反而制定出計畫並努力執行，一切都建立在勤奮工作的基礎上，就是因為堅持，奧利佛才能成功。

媽媽目前正努力著，希望溫斯頓–撒冷可以建立一個以他命名的公園來紀念奧利佛，我也真心相信這位祖先種下的種子傳承到了爺爺，最後才會傳到我們這裡。

CJ和我漸漸開始對籃球更加認真，因此無法在店裡花相同時間工作，不過爺爺不介意，他很高興看到我們在球場上全力發揮。回想起來，爺爺願意提前幾個小時打烊，然後來觀看我們比賽，是一件很重要的事情，我相信少做幾小時生意有可能會虧損，但他用行動告訴我們：家人才是優先事項，比其他事情更重要。

爺爺把時間算得很準，你可能會以為一天做那麼多工作的人，下班後會想回家洗個澡，換件衣服再出發，但不是這樣的。

他根本沒有時間做以上這些事，爺爺會穿著工作服到體育館，唯一會換的是鞋子。他會脫掉那雙黑色工作靴，換上一雙去教堂的黑色休閒鞋，一副盛裝打扮的樣子。

髒兮兮的制服，配上閃亮亮的鞋子，爺爺準備好了，打算用裝滿錢的口袋來為我們打氣加油。這些錢對他來說是一種驕傲的來源——爺爺喜歡賺錢，同時用來幫助社區中的人們，對他來說一樣重要。

奇力爺爺不會把每一分錢都存起來，對他來說，讓年輕人看到一個黑人辛苦賺錢很重要，也會利用機會和社區裡的孩子們分享一個觀念，就是擁有自己財富的力量，以及保持努力工作和賺取金錢，一旦做到了，這些就是你的，他的目標是確保年輕人珍惜每一分、每一毛的價值。

如果客戶用現金支付修車或加油的費用，爺爺會非常開心，當然，基於方便，信用卡和支票也沒問題，只是比較起來，他更喜歡現金。

他可以用現金找零，給我們小費，或者買他想要的任何小東西。多年以來，我一直在旁邊坐著觀察，他將手深深放進藍色工作褲的口袋中，像一個人類提款機一樣，翻出一大疊十元、二十元、五十元鈔票來使用，用完後捲起來，再塞回到口袋裡。

我也希望自己身上有那樣的現金。

對爺爺來說這不完全和金錢有關，而是賺錢背後那些辛勤工作和犧牲的想法，如果那張鈔票是努力付出的副產品，就讓這張綠色的紙成為副產品，為家人提供生活品質和幫助社區，才是推動他的主要力量。

我的第一份工作不是在加油站，而是西南小學的課後輔導員，這所學校在我就讀的高中旁邊。我還記得拿到第一份真正的薪水時感到興奮不已，之前爺爺的小費都是給現金，收到裝滿工資的信封，讓我感覺到自己長大了。

從老闆手中接過信封，我走到外面拆開來看，看到金額的數目時感到很困惑，因為比我預期的少了很多。

這是我人生第一次接觸到「扣稅」：包括當地政府、聯邦政府、社會保障和醫療保險，全部都會從薪資中扣除一部分！

我感覺很不舒服，心情超級沮喪和失落，爺爺從來沒有從我們的工資中扣稅，除非他刻意幫我們扣下一些買喜愛籃球鞋的錢，那可是我很樂意支付的稅款。

雖然第一次領薪水的感覺糟糕透了，但我還是兌現了支票，再把幾張可憐的二十塊鈔票捲成一小捆，我的現金和爺爺的現金相比真是可笑極了，但一步一步來吧！

那天回家，我為了支票被扣除一部分稅金而感到不爽，媽媽卻笑了，她總是幫爺爺和加油站做帳，很了解會計工作，她知道被扣稅的感覺有多糟，但她也知道，學到這一課的唯一方法就是親身體驗一下。

每個人都知道口袋裡塞滿鈔票很棒、很酷，但爺爺讓這件事變得更真實。重要的是，他讓我們變得更加興奮，更想要靠自己多賺點錢。

創業對他來說意義重大，這樣的動力也灌輸到我身上。有趣而美妙的是，他會一直面帶微笑，每次加油站一開門，他都是笑臉迎接客人，然後高興地不斷地重複這一切，第二天、第三天，每天都是如此。

被逼著工作是一回事，但當工作能帶來快樂時，那感受完全是另外一回事了，這就是為什麼要感謝爺爺教會我這種心態，一種在球場上一直努力追求的心態——從比賽一開始到最後幾秒鐘都全力以赴，這是一種喜悅，專注於眼前的任務，我願意為了工作、為了賺錢更加努力。

這就是面對職業的態度——為了完成工作，你將變得更加堅持、更加有韌性，就像奇力爺爺一樣，我希望小克里斯和卡琳能夠因為回到北卡羅來納州，看到瓊斯加油站之後，了解到這樣難能可貴的工作態度。

4

返家

不了解自己和自身文化背景的人，就像一棵沒有根基的樹。

——迪克・葛雷格利（Dick Gregory）

「爸，就是這裡嗎？」小克里斯問。

我們開車進入曾是加油站停車場的地方，彷彿又聞到那股汽油味，腦海立刻浮現許多過去的畫面與片段，想起當我比小克里斯還小的時候，在這個地方進進出出，弄髒雙手，幫忙更換濾芯和輪胎，這些畫面在我腦中一次又一次地出現。

「這是爺爺的加油站嗎？」

「是的，」我有點分心地回答，然後深吸一口氣，「就是這裡。」

那一刻，我感受到一股能量，帶我回到那些在加油站學習的日子，那些經歷永遠幫助了我，去應對未來生活中最艱難的時刻。

青少年時期的回憶不斷浮現出來，我走過停車場，想起和ＣＪ一起在這片水泥地上玩耍，同樣的遠處角落，那些樹木的樣子，這二十幾年來好像都沒有變化，再過個一百年可能也一模一樣。

感覺像從一臺時光機走出來，但我知道這不是時光機，而是爺爺喜愛的瓊斯雪佛龍，店的招牌已經消失，建築物也被多次粉刷過，那些咖啡色的破損公車座椅和上面坐著忠實的信徒們，只是過往的一段回憶。

老婆、孩子們和整個家庭的未來，也在我腦海中閃過，這就是家，回到家的感覺真好。小克里斯和卡琳從車上跳下來，開始四處邊晃邊看，我跟著他們兩人一起看到許多新的、陌生的臉孔，以及突然冒出的公司行號，這才意識到溫斯頓－撒冷已經完全不一樣了。

很久沒回到這個加油站，這段時間我一直在打球，經常在各個城市間往返，沒有急著回來看看這些地方。有陣子情緒有些雜亂，感覺還沒準備好回家，雖然回來看看的好處大於壞處，但內心深處依舊有一些難以處理的創傷。

不過隨著小克里斯、卡琳和珍妲四處張望，開始問了許多問題，我的心情好像得到了平靜，多年來沒想到的老故事一一浮現出來。

由於這間加油站是屬於爺爺的，做為孫子輩的我們，最酷的事情之一就是可以在幫忙工作賺取小費之前，隨時打開收銀機，取出一些零錢買汽水、薯片、糖果、其他零嘴，以及任何我們想要的東西。

爺爺桌子左邊的第二個抽屜裡有個裝滿零錢的巨大黑盒子，哥哥和我知道那個盒子。唯一問題是一個人——叔公休伯特（Hubert）。願他安息。

那時叔公休伯特——奇力爺爺的兄弟之一，總是會逮到我們去開那個黑盒子，然後斥責說：「你們應該知道這個抽屜不能碰！」

當然，我們會裝出一副無所謂的樣子，「喔！對的，沒錯，休伯特叔公，我們只是確認一下錢都安全地放在那裡。」反正我們都能夠想到一些藉口，慢慢地走開，等到叔公走遠了，再回到那個盒子拿錢。

除了休伯特叔公和瓊斯信徒們，加油站還有一些特別的人物，他們也一直留在我心中，像是哈皮（Happy）。

「嘿！克里斯！」我對著兒子大聲喊，「和你講一個叫做哈皮的傢伙。」

「他媽媽幫他取這個名字？」小克里斯疑惑地問，「沒有，我解釋給你聽。」我笑著回答。

我們都叫他哈皮，一直到現在，所有人還是這樣叫他。他在越南戰爭時期「經歷了一些特殊的事情」，所以爺爺總是要我們不要太勉強他。

哈皮從不會缺席，他總是在加油站附近，不管溫度高達攝氏三十八度，還是冷到零下幾度，哈皮總會出現，而且隨時準備好幫忙。

為什麼叫哈皮呢？因為他總是在笑，而且笑聲充滿爆發力和感染力。每次笑的時候，可以看到他嘴巴裡面全部三十二顆牙齒，包括最後面的臼齒，無論我們是低落、生氣，還是像哈皮一樣快樂，他都會用大笑來迎接你。

特別是我們感到沮喪時，他的出現有種治癒能力，不間斷的笑聲總能讓我們的一天光明起來。每次我比賽表現不好，賽後在加油站閒晃時看到哈皮，他就會跑過來說：「怎麼啦？」

「哈哈哈哈哈哈哈哈哈哈哈哈哈哈哈哈哈哈哈哈哈哈哈哈哈哈哈！」

然後，不自覺地，我也開始笑了，為什麼要拒絕笑一笑呢？如果哈皮可以保持開心，那我也可以，包括CJ在內，我們三個人會一起大笑，雖然我不知道到底在笑什麼，但突然之間，打不好的比賽似乎變得沒有那麼糟了。

等到大一點之後，我才知道哈皮在越南為國家打仗時，遭遇了許多可怕的事情。那時創傷症候群還沒有被真正重視，許多像哈皮這樣的黑人士兵，沒有得到努力保衛國家的回饋，政府在戰後沒有提供應有的支持、協助、諮詢和關心。他們被送回家，並被認為可以從那些可怕的回憶中自然康復，包括親眼看到戰友的身體被炸得支離破碎，現場見證大規模屠殺，以及親手埋葬十幾位戰友。

當時的政府沒有幫助哈皮，所以爺爺很樂意伸出援手，讓哈皮成為加油站的常客。爺爺知道哈皮只是需要些許關心，希望我們可以像對待其他人一樣對待他。

我在職業籃球工會擔任主席時，常思考這個問題，我們應該優先考慮替退役球員爭取更好的醫療保健，支持和照顧在我們之前的人，這樣也能建立體制，幫助到正在打球的現役球員，這是一個前人種樹、後人乘涼、永續傳承的概念。

哈皮為我們付出了一些，我們當然需要回報他一些。

一般來說，我們被要求一視同仁，不會對任何人有不同看法或對待，但爺爺是老闆，他說了算。後來我察覺到爺爺對工作要求非常嚴格，不過哈皮是唯一例外，這是有原因的，爺爺特別強調這一點，這是一個很好的經驗，練習同理心和換位思考。

舉例來說，有幾次我準備打掃浴室，發現哈皮在那裡睡覺，我跑出來和爺爺說：「爺爺，哈皮在浴室裡睡覺，我現在沒辦法打掃。」

如果是其他人，爺爺會敲門叫他們起床，但如果是哈皮，爺爺會拍拍我的背說：「沒事，克里斯，讓他在裡面休息一下。」

在瓊斯加油站，類似這樣的事情常常發生。每天都有一些教導和啟發，不是光說，而是用實際行動，對我來說，這是最好的學習方式之一，也是考量到這點，我想讓孩子們來到這個社區上一點爸爸的「歷史課」。

「現在我們所處的地方叫做東溫斯頓，基本上是黑人的活動區域，」我這樣告訴孩子們，「爺爺照顧了這個社區，而這個社區也照顧了他。」「但我們不住在這裡，是住在城市的另一邊，那裡大部分是白人。」

對ＣＪ和我來說，過去幾乎每天都在後院看到黑人和白人之間的分歧，這或多或少有些幫助。當然，這也不是第一次和他們討論種族問題，我們家族經常利用機會，特別是艱難的時刻，持續教育孩子們。

喬治．佛洛伊德（George Floyd）的謀殺事件，很明顯就是艱難時刻的其中之一。

事發當天，我們在洛杉磯家裡的浴室，我決定讓小克里斯和卡琳看那一整段影片。我知道聽起來很沉重，但這是必要的，影片播放到一半時，卡琳開始哭，我以為是因為影片的內容讓她難過，某種程度上，卡琳是因為影片而哭，但影響她更多的是她開始擔心哥哥的安危。

當我開口說話時，卡琳真的大哭了起來，「爸爸，這會發生在小克里斯身上嗎？」

聽到這句話，讓我心很痛，身為父母，有時你不知道什麼該說，什麼不該說。

當然，我先安慰卡琳，告訴她這不會發生，我們是團結的家庭，彼此相守相愛，但我內心知道，這是一個真實且嚴肅的社會問題，我沒有辦法保證可以保護他們一輩子。就算我們有現在的收入水準，一種和我小時候不一樣、比大多數美國黑人社區好上一些的生活，這樣的情況仍然無法完全避免。

回到二〇二〇年，就是佛洛伊德被殺的那一年，我當時在洛杉磯的家中進行隔離，完成居家檢疫後，我立刻安排會議，出門見一位生意上的朋友。有一點必須強調，那時我已經在NBA打了十五個球季，其中六年就在這裡，替洛杉磯快艇隊打球。

我和表弟AJ在前往會議的四〇五號公路上，當時是我開車，表弟坐在副駕駛的位子上。突然間，我們聽到警笛聲，一位洛杉磯警察把我們攔了下來。一般來說，我很少感到緊張，任何高壓情況下應該都能應對得當，但你無法想像當我依照指示把車停到路肩，看到一位白人警察從巡邏車裡走出來，然後步向我的車窗時，我的心跳有多劇烈。那一刻，我真的快嚇死了。

在他還沒走近之前，我下意識做了認為應該做的事。把雙手從方向盤上移開，舉在空中，甚至直接把手伸到窗外，確保警察可以看清楚我手上沒有任何東西。

「駕照和車輛登記證？」他這樣問，「警察先生，我要從中央置物箱拿。」我一說完這句話，馬上意識到他把右手移到槍套上，我立刻再次強調以確保安全，「警官，我和你說，我現在要伸手從中央置物箱，拿我的駕照和登記證給你，可以嗎？」我完全不知道為什麼這樣講會讓他生氣，他非常凶地回我，「當然可以伸手去拿啊！你何必這樣問？」他更生氣了，更大聲地要求我出示駕照和登記證，感覺起來這位警察好像真的不清楚為什麼像我這樣一個在二〇二〇年被白人警官攔下的黑人，必須對所做和所說的小心翼翼。

感謝上帝，最後沒發生任何狀況，但我知道這不是我、CJ、AJ或小克里斯，還是數百萬美國黑人男子在現今社會中，面臨這種類似情況的最後一次。

儘管許多人會在電視上看到我，看到印有我名字的籃球球衣，但一走出球場，我就不再是NBA球員克里斯・保羅，對白人警察來說，我就是和其他黑人男子一樣的黑人。

也許這種情況對很多孩子來說是好事，因為他們很天真，可能永遠沒辦法真正理解目前這個國家、社會種族歧視的現實，讓我舉個例子說明種族差別有多麼根深柢固……

有段時間，我們搬到新的地方居住，我女兒變成班上唯一一位黑人女孩，其他年輕女生會好奇地談論她的頭髮，且一直觸摸，因為她是班上唯一一個綁起辮子、髮質和其他人不一樣的孩子。卡琳有時不明白為什麼，但我們必須向她解釋，她是與眾不同的，沒關係的。

珍妲和我有個非常高難度的考驗，就是必須教育我們的孩子，種族問題在這個國家、城市、社區和學校中一直存在著。這樣的親子對話在爺爺的加油站裡持續著，我們試著讓孩子更深入探索和了解家族歷史。

幾年前，我們曾到珍妲小時候生活的社區旅行，「你們需要知道自己的根在哪裡。」珍妲強調。

卡琳和小克里斯在加油站邊晃邊看，從收銀機到牆壁和椅子，試著去想像我每年夏天在那裡工作是什麼樣子。

「爸爸，你們一整天都在幹嘛啊？」卡琳問，「我們沒有平板，寶貝，不會一整天盯著螢幕看，」我說，他們驚訝地張大雙眼，「我們認真工作，想辦法在沒有

3C的世界找到樂子。」

孩子們笑了，但我讓他們知道自己是認真的，那時的我們不可能整天看電視或打電動，CJ和我會出去玩。只要任何可以玩的東西，都可以拿來消磨時間，總有辦法的，而從那個時候開始，CJ一直贏，兄弟倆的競爭一直真實地存在。

想贏的好勝心，讓我們有時連一場比賽都沒辦法好好地結束，因為吵得太凶了，什麼都要爭，隨時都在爭，一切的一切都要和對方比，甚至誰能在爸媽開車時坐在前座也要爭，我們誇張到會提前一小時就坐在車子裡等，要贏就必須這麼做，如果想坐前座，就得第一個到。

不管玩大的還是小的，CJ總是可以贏，逼得我不得不努力變得更厲害；無論什麼比賽或遊戲，他都會強迫我快速上手才行，並且想辦法贏下屬於自己的勝利。

爺爺電腦裡的接龍，是我們最有可能玩到的電動遊戲，但我們沒有很喜歡，反而喜歡從生活中創造樂趣。除了玩樂，我們也花很多時間工作，或者向爺爺學習，一遍又一遍複習他教我們的東西，這使得我們長大之後能夠獨立自主。

我當然知道大家生活在不同世界，但一想到科技的先進和發達，會讓我的孩子們更難學到這些寶貴經驗時，我感到些許不安；同時，我發現他們教室裡的教學用具，不是每個學校或教室都有，這不是正確的，教育應該公平地對待每個學生，所以我的基金會——克里斯．保羅家族基金會，最重要的任務之一就是消除不平等，確保所有學校都能夠給予學生相同的技術和學習工具。

這就是為什麼珍妲和我一有機會就會帶著孩子們去旅行，讓他們親身感受和體驗這個世界，而不僅僅是自己生活的小圈圈。

令人驚豔的是，因為接觸到加油站裡的人，孩子們幾乎可以完全體會到，以前爺爺教導的知識與經驗，爺爺對待我們就像對待他的朋友一樣，他提供了真正可以應用在現實生活中的有效建議。

「我再也不想要替任何人工作了！尤其是白人。」爺爺有時會這樣說。

回憶起在牛奶公司或瓊斯考夫加油站為房東工作的日子，爺爺更堅定，「沒有人可以雇用我，我就是自己的老闆。白人不會告訴我該去哪裡，什麼時候到，該怎麼打扮，或是該做什麼事，這是無庸置疑的。」

現在每個人都會吹噓自己是老闆，而爺爺很早就知道這一點，在沒什麼黑人老

闆的年代，他就擁有屬於自己的事業，

他出生於一九四一年，是一八六五年奴隸制度真正結束後的七十六年，像現今的美國黑人一樣，他始終感受到不平等，不過他盡全力改變現狀，對於當時的黑人來說，能完全掌控自己的生活並不容易。

做為一個老闆，爺爺盡可能確保周圍所有人都能獲得公平利益的分配，這是一個真正的事業，包括我的父母親在內，都受益於爺爺的照顧，他做了最好的示範，不只事業上取得成功，在加油站也為大家樹立最好的榜樣，我們都欽佩他。

我爸爸在艾吉斯機械工廠（Aigis）上班，負責機器裝配生產線，那是機械化生產剛問世的時候，很久以前了。一開始，爸爸從機器操作員開始，他學得很快，所以不斷升職，很多人還沒進入狀況，他就已經開始指導其他人如何操作，並且負責整條生產線的運作。

爺爺發現這點，於是向爸爸提出請求，因為奇力爺爺知道時代的變遷快速，愈來愈多事情需要轉為數位化，公司要有人學習如何用電腦輸入現在需要的檢查數據和測試數據。

爸爸最終同意了，他必須在全職工作外，投入更多時間和精力在加油站，同時還要盡丈夫和爸爸的責任，幾乎沒有自己的時間。

爺爺樂觀其成，他認為這是個好機會，所以在加油站，他積極教爸爸怎麼更換煞車盤，爺爺相信更換剎車和進行其他汽車維修，對我爸來說應該很容易，因為他已經對機器操作很了解了。事實證明，爺爺是對的。

我爸在艾吉斯工作到一半時，常會有同事走到他的辦公桌旁邊說：「嗨，查爾斯（Charles），我車子要換新的煞車盤，但我現在手頭有點緊，你可以幫我一下嗎？」於是，爸爸會利用午休時間出去解決這類的事。

開始之前，我爸會從車裡拿出必要的工具。首先，他需要一副手套，才可以避免雙手像爺爺那樣永遠被染色，其他東西包括：輪胎扳手、螺帽拆卸器、千斤頂和支架、一條塑膠繩、C型夾、新的煞車盤、一罐煞車油，以及可以吸出煞車油的管子。

老實說，動手換煞車比用看的簡單得多，一直到今天，我依然記得怎麼換。

我可以想像爸爸帶著以上這些工具到他同事的車子旁邊，先看一看，然後打開門，確認手煞車，這點非常重要，記得爺爺總是說：「永遠！永遠！不能忘記確認手煞車！」「如果你忘了，麻煩就大了！」

用千斤頂把車子支撐起來之前，要先使用螺帽拆卸器鬆開每個螺帽——相信我，車子在地面上時這樣做比較方便且輕鬆，因為車子的重量能幫助你更有效運用槓桿原理；再來，用千斤頂撐起車子，先把螺帽完全拆下來，然後卸下輪胎，再拆下螺絲安全栓。

下一步，確認煞車卡鉗，這是碟式煞車系統的一部分，包含煞車片和活塞，需要把在側邊的卡鉗拉起來，就可以讓舊的煞車片和活塞滑出來；再來，檢查剎車油夠不夠，如果太少就加一點，但不要加到滿，煞車片會磨損，油的空間會很自然地被壓縮；如果太多就用管子吸一點走，才不會溢出來。

最後，把新的煞車盤裝回去，重新定位煞車卡鉗，把螺栓鎖回去，再裝上輪胎，降下千斤頂之後，把螺帽鎖得緊緊的；另一邊的輪胎同樣處理一遍，就可以收錢，讓車主把車開走了。

整個過程需要約一小時，不過如果是爺爺或爸爸，只要四十分鐘就能搞定。

爸爸利用機會從爺爺那裡學到技能，並且應用在朝九晚五的工作中；最棒的是，我爸不但喜歡修車，也喜歡幫助別人，這是一舉兩得的局面。事實上，如果可以，爸爸現在還是可以換煞車，你們可能不明白，我爸真的很喜歡汽車。

至於我媽媽，她在華科維亞銀行擔任首席技術分析師。她高中時，錄取企業合作計畫：一些有才華的學生被允許一半時間上課，另一半時間工作。有些學生下午一點開始工作，但媽媽的銀行工作下午五點才開始，所以她每天都有一些額外的時間，可以用在學習上。

數字對我媽來說總是比較容易，包括演算法、方程式，各種計算理論，都可以在她的腦袋裡穿梭自如。這些東西被寫進筆記本，用來解決各種問題，我媽就像一臺人體計算機，這讓她一直被留在合作計畫中，直到高中畢業。

最後，我媽因表現非常出色，銀行在她畢業的第二天，就提供全職工作，她必須在念大學和華科維亞的銀行工作之間做出選擇，這並不困難，因為那時她已經愛上了爸爸，也沒有要離開溫斯頓－撒冷的計畫。

幾年下來，媽媽在華科維亞不斷升遷，最終成為管理技術分析師。之後她用在銀行學到的所有技能來處理瓊斯修車廠所有的會計需求、管理一切、控制收入和支出，確保每位員工都能準時拿到薪資。

我們家族的人一直都在努力工作，好像不知道什麼是疲憊，記得前面說的堅持嗎？媽媽做為爺爺最大的孩子，她是瓊斯雪佛龍加油站的推進器，這一切令人不得不佩服。

我們很小的時候，爸媽有時會把我們送到爺爺家，因為她有工作，這讓我們明白，家族兩邊的大人都要勞碌辛苦地工作。

奶奶必須一大早起床去上班，我們大約六點三十分會到奇力爺爺那裡，他已經換好工作服，準備開始工作。我們通常會先吃一點媽媽準備的早餐，喝一點超甜的咖啡，吃完之後，就拿起紅色抹布上工。

講到紅色抹布，非常重要，沒有它，什麼都做不了，不管是開燈、補油或打氣，都必須先將這條抹布放進口袋。

在爺爺的幫助下，我們比大多數孩子更早熟，即使還沒有駕照，他也讓我們把車移到加油站的停車場，這是我第一次非官方的駕駛課——我挺享受的，可以開著大型的凱迪拉克或老式的奧茲摩比，在停車場裡繞來繞去。

我們一直努力工作，也很享受這種生活：從早上第一口咖啡，到享受中午的豬肉三明治，我們始終在工作。

「交給我們！交給我們！」「這裡太熱了，交給我們來幫您處理吧！」CJ和我會這樣喊著，有時因為太趕，臉上還沾著剛喝過葡萄汽水的痕跡。

每次發現客人走向自助服務的加油槍時，我們會試著引導他們遠離自助區，這樣才可以面帶微笑地幫他們加油，然後得到一些小費。一個夏天過去，如果次數夠多，就能存到足夠的錢，買一雙漂亮的運動鞋，甚至可以買到一雙喬丹鞋，開學第一天，風光地穿到學校。

其實上班工作很有趣，不用太緊繃，就像我聽過的一種說法：「一個人不管是工作還是玩耍，態度應該一致，要分辨不出差別。」這種態度就是我們在加油站展現的，一整天可以盡情玩耍，並且獲得報酬。

當我站在這個曾是爺爺加油站的地方，回憶起這一切時，聽到一個聲音。

「喲！克里斯！克里斯？」一個興奮且沙啞的聲音大聲叫道。「克里斯・保羅？真的是你？」

我抬起頭，眯著眼睛，仔細地看著那個有點熟悉的身影朝我走來，雖然當下無法辨認出是誰，但很快的，我意識到這是一張很久沒見的熟悉面孔，這就是久久回到家鄉的感覺。

閒聊一陣子之後，兩個孩子開始一個接一個問了好幾百個問題。

「這裡以前修過多少車子？」「你們有看過被撞到稀爛的車嗎？」「爺爺是怎麼學會修理這些問題的啊？」「你們當時洗車有沒有像現在這麼厲害啊？」

他們問了一大堆問題，只有孩子才會這樣連發提問，我當然希望一一回答所有問題，但首先，必須給他們來個正式介紹，因為自從加油站由我們家經營之後，很多事情都已經改變了。

這裡現在是一家洗車店，加油的機器都不見了，以前我們很喜歡那些加油機，因為奇力爺爺總是讓家人免費加油，這是當加油站老闆的好處之一。

大多數的一般上班族不習慣免費加油，但我們家人卻完全不知道在加油站刷卡付費是什麼感覺，原因就是爺爺擁有一家自己的加油站。

我們家族都會去教堂，從經濟的角度考量，搭車共乘一同前往比較合理，但我們沒有這麼做。事實上，我們所有人都獨自開車，也邊開邊笑，因為我們知道星期日就是我們家的免費加油日。

有時家裡一些比較慷慨的成員會嘗試給爺爺油錢，但他不會收，所以每個人都會在牧師祝福結束後，從教堂開車到加油站。男士們穿著西裝、領帶，女士們戴著美麗帽子和精心製作的連身洋裝，心懷感激地把油箱加滿。

「奇力爺爺可以負擔得起免費送油？」小克里斯問，「只有給家人。」我回答，「如果所有人都免費加油，就是一個糟糕的操作。」

過去汽油每公升只要一美元，不過就算是五美元也無所謂，因為我們可以免費加。有時我的朋友或ＣＪ的朋友會說：「嘿，我們能順便經過加油站嗎？你知道的，加點油之類的？」

「哦，當然可以去啊！」我們會笑著說，「但油不能免費加。」

我們在外面走了一段時間後，我發誓，就算新業主做了許多改變，但仍看到和童年時期一樣的雜草。這些年來，它們占據人行道，沿著人行道走，就會進入加油服務站，店也經歷了一系列變化。想像一下，你回到童年的老家，感覺房間變小了，所有東西都被重新擺放或損壞了。

我走進去，試著讓心情沉靜下來，然後搖了搖頭，再擺脫那種似曾相識的感覺，因為從下車以來，我一直陷入過往的回憶中，但同時也想提醒自己這不只是我在回憶小時候的情景，也是一個難能可貴的機會，讓小克里斯和卡琳了解家族歷史的重要時刻。

我立刻指著房間和他們說：「辦公桌就在那個地方，伯伯CJ和我會在那裡休息，但必須完成爺爺當天交代的工作才可以，有一臺自動販賣機就在那裡，每次我們拿到一些額外的零錢，就會去買葡萄汽水或胡椒博士可樂喝。」

小克里斯和卡琳吸收著這些資訊，我能感覺到他們覺得有一點點無聊，但同時也知道這很重要，他們能夠在多年後，在現場了解這一切，這讓我很高興。

待在這個地方的周圍，我有種熟悉的舒適感，不過如同前面所說，過去在這裡也碰到一些困難，瓊斯雪佛龍讓我想起一些心理的陰影和創傷，其中包括爺爺交代給我們的工作，打掃廁所就是令人害怕的例子。

想像一下，在一個比大便堆還要臭的小廁所裡，清一個找不到馬桶的空間，然後有亂拉一通的糞便。這就是工作，所以我做了，雖然不是很高興，但我做了，整個職業生涯中，我一直保持著這種態度，有時很美好，但有時必須做一些沒有人願意做的骯髒工作，為的就是幫助球隊取得勝利，就算意味著我要去清噁心的廁所。

還好，更換輪胎彌補了這些痛苦。

我很喜歡走到車子旁邊，拉高牛仔褲後跪在地上，轉動著爺爺告訴我要卸下的所有輪胎。有時我的手髒起來就像是他的手，只是比較小的版本，我會嘗試和爺爺一樣，用同樣的肥皂來清洗乾淨，唯一不同的是，這對我的手有效，但我不確定對爺爺是否有效。不過每次看到手掌或指甲留下一些油汙，我會感到興奮，因為我知道自己的手愈來愈像爺爺的手了。

我也喜歡換油，這是我到現在還具備的技能，買輛新車時要檢查機油，或是要使用六瓶油才能灌滿一個油桶，這些習慣永遠伴隨著我，起源是加油站這件事，讓我感到自豪，我可以像那些最優秀的人一樣，自己更換輪胎、更換機油。

那些夏天，我們和爺爺建立了真正的情感聯繫，一起共度大量時光——從一早開始，透過那些精美而細緻的過程，再忙碌到外面漆黑一片，我非常喜歡這一切。信不信由你，我也很想念這一切，也許，這就是我希望小克里斯和卡琳去感受的部分。不一定是學習如何換機油和輪胎，而是從家庭、從我們的家族中，學習技能和價值觀，這些可以在他們人生旅程中使用，甚至有一天可以和自己的孩子分享。

「我修車也很厲害喔！爸爸。」小克里斯開玩笑地說。「可能你覺得自己厲害，直到你和未來的妻子長途旅行時，你會發現自己連怎麼更換破輪胎的第一步都不知道。」我這樣回答。

我們繼續遊覽這些地方，我一邊開始認真思考小克里斯和卡琳的未來，回到加油站，過去老家的感覺，以及哥哥和我學到無數的童年回憶中，讓我開始懷疑是不是太溺愛孩子們了？我希望他們過上最好的生活，他們也值得，但界限應該在哪裡呢？我相信我不是唯一一個會在這方面感到掙扎的父親。

小克里斯和卡琳擁有很多東西，但老婆和我不斷努力確保著他們能學習如何珍惜這一切，並且知道要努力工作。

ＣＪ和我沒辦法包辦所有的家務事，但至少必須摺衣服、打掃房間，如果沒有幫忙做這些事，肯定會有麻煩——無論媽媽還是爺爺就會出招。這是我們應該負的責任，我們從長輩那裡學到了，因此，我們努力灌輸這種工作倫理和觀念給兩個小朋友，雖然不完全相同，但他們必須有一份清單，在想做其他事或玩耍之前要完成，限制在週末才可以玩平板電腦和遊戲機，前提是他們在星期一到星期五完成了應該做的家務。

給孩子們負責任和工作倫理的正確觀念，可以學到很多東西，就像父母和奇力爺爺教導ＣＪ和我那樣，小克里斯和卡琳做得很好。

成長過程中所定義的奢侈生活，我和孩子們非常不同，舉個例子：喬丹籃球鞋。

我成為喬丹家族一員很長時間了，家裡有大量的喬丹球鞋，對我兒子來說，幾乎可以無視那些鞋子。我知道這聽起來有點瘋狂，但喬丹球鞋的意義，現在和過去完全不同了。

以前這些鞋盒不可能在我想要的時候隨意出現，長大的過程中，我們不只因為風格而覺得喬丹球鞋很珍貴，還因為必須努力賺錢，然後看著手中的喬丹鞋，真切地感受到辛苦工作的痕跡與成果。

「我一生備受恩典且充滿祝福。」我們真的很幸運。

對ＣＪ和我這樣的黑人孩子來說，九〇年代的喬丹球鞋就是一切，你一定要擁有並穿上——沒有任何商量的餘地。

我讀小學六年級時，喬丹十三代已經發售，就是知名籃球電影《單挑》（He Got Game）中，丹佐・華盛頓（Denzel Washington）腳上穿著的球鞋。我用自己辛勤工作賺來的錢買了這雙鞋，你可以很簡單地想像那個畫面，我在加油站弄得滿手髒汙，到處追著客人跑，想盡辦法把ＣＪ擋在後面，確保我能每次加滿油之後，把小費放進罐子裡。就這樣，一直到存夠了現金，我去知名球鞋連鎖店 Foot Locker 買下了喬丹十三代。

我沒有選黑白配色，而是挑了一雙深藍色球鞋，側邊有一個半透明圈型圖示。第一次打開鞋盒時，一股「成功」的氣息飄了出來，新鮮皮革和皺包裝紙所散發的味道撲鼻而來，這鞋簡直完美無瑕，一穿上就不想脫下來，但我很聰明，知道體育課絕對不要穿。

記得那天換體育服的情景：我慢慢地脫下喬丹鞋，小心翼翼地放在置物櫃裡，其他學生都在看我，就像之前說的，我不會瘋狂到在體育課上弄髒這雙新球鞋，別人也不會瘋狂到要來偷這雙鞋，至少我當時是這麼想的。

體育課時，我像平常一樣在球場上認真發揮，投進一些中距離，展現平常的水準，但腦袋一直想著新球鞋。下課鐘聲一響，我飛快地跑到置物櫃，卻看到鎖已經被撬開，東西被弄得滿地都是。

「誰？誰剛剛在我的櫃子旁邊?!」我對任何敢靠近的人吼著，「我的球鞋在哪?!你們太扯了吧！」

全新深藍色喬丹球鞋從我的置物櫃裡被偷走了，更糟糕的是，我必須整天穿著一般的運動鞋，然後回家面對奇力爺爺。

「你為什麼把這麼貴的鞋子留在置物櫃？」知道發生什麼事之後，爺爺大聲地問，「我上了鎖，爺爺。」我說，「你知道這種鎖很常被撬開，」爺爺很生氣，「或許你應該因為粗心而受點處罰。」

「但是，爺爺……」奇力爺爺用充滿憤怒的眼神打斷我想說的話，我也知道該閉上嘴巴了。

那時覺得鞋子被偷還要受罰是非常荒謬的事，畢竟受害者是我，是我的喬丹球鞋不見了，媽媽和爸爸對這件事也感到很生氣，但對當時的我來說覺得並不合理——有人偷了我辛苦存錢買的鞋子，我還要因此被處罰?!我們當時把那雙鞋看得很重，現在回想起來，才明白那是一個很大的教訓。

我知道建立孩子價值觀的責任在珍妲和我，他們沒有在加油站工作，也沒有在三十幾度的高溫下割草，但我們正用不同的方式教導孩子們相同的價值觀，努力傳承那些爺爺所教導的「自力更生」。

返回車子的路上，我看到小克里斯正在觀察社區周圍——因為缺乏資源，他看到和我們現在居住社區中非常不同的東西，我明白這對他來說似乎很難想像，不敢相信有人竟然這樣生活著，但事實上，他的家人就來自這裡，這也是為什麼這次旅行對我們來說如此重要，孩子們可以把現實和籃球給予我們許多的福利互相比較，進一步去理解努力工作的重要性，只有知道自己來自哪裡，才能真正扎根，並珍惜自己擁有的東西和前進的方向。

小克里斯四處看了看說：「天啊！爸，我不敢相信這就是你長大的地方。」

「我喜歡這裡，只是現在不同了。就這樣。」我回答。

我手機裡有個群組中有一些老朋友們，大多數人還住在這個地區，我可以透過這個群組知道這裡發生什麼事。

其中一位朋友發了某個夜晚在溫斯頓－撒冷當地購物中心發生打鬥的短片，我按下播放，看到一群年輕的黑人男孩，可能來自當地不同地區，互相大打出手，直到其中有人開槍，這群人才各自散開撤退。

「似乎每個星期都有人被殺。」另一個朋友在群組裡這樣回答，我相信類似的事情不只在這裡發生，還可能發生在任何地方，每次想到這一點，我就會嘗試著拿捏教育孩子們的尺度，希望能保持平衡，不要嚇到他們。

跟著奇力爺爺學習，努力工作正是給自己機會，如果你有能力，就可以選擇你想要的東西和事情；如果你沒辦法承擔風險，就必須擁有努力不懈的精神。我知道如果想進入NBA，就沒有任何犯錯的空間，這讓我很珍惜任何事情，不會覺得是理所當然。

車子開出加油站停車場時，大家臉上都掛著微笑，這個時刻，我把手放在珍妲的膝蓋上，一起看著那些已經看過無數次的街道，終於等到了，孩子們和我們一起體驗這個寶貴的經驗，感覺就像我們以新的視角重新看待所知道的一切，也讓我想起當初和珍妲剛在一起的時光。

介紹一下我們家最重要的基石，我的妻子珍妲·保羅。

她很常笑我，總是說我對小克里斯太嚴厲，卡琳要求的任何事，我都會答應，我就是女兒奴爸爸，能說什麼呢？珍妲太了解這一點，因為我對她是完全一樣的模式，從我第一次在體育館看到她時，就一直這樣了。

有趣的是，我之前在教堂遇到一個珍妲的朋友，她認為我們兩人很配，告訴我應該打電話給珍妲，但我沒有太放在心上，因為我過去從來沒有打電話給女孩子過（別告訴珍妲）。雖然之前聽說過這個人，但我並沒有行動。

珍妲和我實際上是在法蘭克·斯班瑟假期經典賽*（Frank Spencer Holiday

---

* 北加州歷史悠久的高中邀請賽，從一九七四年開始舉辦。

Classic）上第一次見面，當時我們高中和世仇學校爭奪冠軍，必須要提的是，我的學校最終贏了。賽後，在離開球場前的樓梯間，她的朋友把這件事說出來：「你為什麼還沒打電話給我朋友啊？」但她們不知道的是，當時我覺得應該是珍妲要打電話給我。

那場比賽之後，我覺得她朋友試著把我們湊在一起可能是對的，所以我決定打電話給珍妲。真正吸引我的是她很真誠，她也很喜歡我這個年齡的男生如此努力。是的，你可能已經猜到，到了這個階段，很多人都喜歡我在球場上的表現了。

我已經習慣這樣的讚美與肯定，但珍妲對此感到興奮；她說我是一個好人，知道自己來自哪裡，並且懂得展現出真性情，這些要歸功於父母親和爺爺。

我是一個麥當勞高中全美明星賽（McDonald's All-American Game）球員，但上大學和我知道自己最終會進入美國職業籃球聯盟沒有什麼關聯，就讀維克森林大學（Wake Forest University）是為了接受優質教育，同時也希望可以在溫斯頓－撒冷大學完成傳播學位。

我們相遇時，珍妲是北卡羅來納大學夏洛特分校的大二生，距離維克森林大學和溫斯頓－撒冷只有約一小時的車程。如果沒有課，她大部分時間會和我待在一起，這種陪伴讓我覺得周圍的一切都變得很輕鬆。身為一位一級學校籃球員會有一種焦慮感和壓力，因為珍妲和我的家人來自相同地方，所以馬上就了解這種感覺，幫助我從困境中抽身。

約會幾個月之後，我和珍妲的感情愈來愈深，於是我想要邁出重要的下一步，正式把她介紹給家人們，這一步如果沒有走好，可能會變得很難看，哈哈！就像登陸月球時說的：「這是個人的一小步，卻是人類的一大步。」

請記住，我是家族裡的小寶貝，我媽對任何女孩靠近我都不太高興。事實上，我曾帶過一個女孩回家見父母，但結果不怎麼順利，更別說把一個女孩真正介紹給整個大家庭。因此，珍妲感受到了，我對我們的關係非常認真。

當天，珍妲一定很緊張，我知道自己也是，但她才是那個必須和五十個家人坐一起，在觀眾席上看我比賽的人。

可惜的是，我根本沒有機會親自將她介紹給家人們，我需要準備上場比賽，所以她真的被狠狠地考驗了一番。回想起來，那是很久以前的事了，經過十一年的婚姻，現在孩子都生了兩個，她的家人加上我的家人，融合成一個大家庭，她的父母親更是把我當成親生兒子對待。

交往幾年後的某一天，我接到珍妲的電話，告訴我她懷孕了，是小克里斯，那是我一生中最快樂的時刻。但我永遠不會忘記有多害怕告訴父母，按照教會的標準來看，未婚懷孕不是很理想。但這是我們的故事，我堅信一切的發生都有原因，我想和珍妲共度餘生，成為爸媽並一起撫養孩子，所以在小克里斯出生一年左右，我向她求婚。

為了不讓她發現我的計畫，很多活動必須暗中進行，才能創造完美回憶。最困難的部分是設計橋段，要給珍妲驚喜很不容易，但我願意挑戰。我們大學時期花了很多時間待在維克森林大學，特別是學校的體育館，這裡應該就是求婚的完美地點，我們第一次見面的地方，法蘭克．斯班瑟假期經典賽的比賽場館。

我沒有那種典型的大螢幕求婚計畫，所以必須更有創意。首先，我爭取到她爸爸的同意，允許我向她求婚；接下來，我去買了一枚戒指，找了球隊的助理教練傑夫．巴托（Jeff Battle）幫忙，他的任務很簡單，只需要打個電話，假裝我必須參加球隊的溝通會議。

於是在路上，我掏出手機，「好的，教練，我會出現，我現在快到了。」我假裝對著手機說。

我們把車停在體育館後面，珍妲開始懷疑，她臉上露出好奇的表情，球隊在休賽期開會？而且為什麼在深夜時段進行？這兩點完全不合理。

「其他人的車都在哪啊？」她問，「嗯，可能其他人都把車停在前面吧？」我尷尬地回答，趕快帶著她走進體育館，「我們現在去哪？」

「球隊休息室。」我試著安撫她，然後進入一個人也沒有的休息室。

「大家都在哪裡啊？」她問，「喔，可能在球場上。」我知道她可能發現有些不對勁了，但再撐一下，我只需要再拖延一下下就好。

「跟我來。」我繼續說，帶著她繼續走，最終走到我們第一次見面的樓梯間。當她歪著頭，準備再次問我到底要幹嘛的時候，我迅速轉身，單膝跪地，告訴她我想和她共度餘生，詢問她是否也有同樣的想法？是否願意成為我的妻子？她高興地點頭答應，嗯，應該說，她先是放聲大哭，恍神約一分鐘之後，才說了「我願意」。

我開著車穿過溫斯頓—撒冷，回想起求婚的那一刻，接著調整了後照鏡，看了一下後座，現在，我們有兩個美麗的孩子了，我們夫妻的任務是確保他們在情感上、精神上、心理上和經濟上可以穩定，我很確定沒有任何人比她更適合和我一起踏上這段人生旅程。

5

那場比賽

二〇〇二年十一月二十日，
北卡羅來納州的溫斯頓－撒冷，
帕克蘭高中對上西福賽斯高中。

體育館內，濃濃的霧氣讓空氣好像凝結了。

球迷和觀眾們擠在看臺上找座位，讓現場的悶熱感又加重了許多，這是我高中最後一年的第一場比賽，腦海中試著尋找平靜，但整個球場的吵雜和混亂，實在很難冷靜下來。

媽媽和隆達阿姨都是念帕克蘭高中，讓今晚這場比賽更充滿激動的情緒，通常我們學校進行比賽時，會互相噴一些垃圾話，但這次情況完全不同。

「今晚，我要為爺爺打球。」我告訴後場搭檔大衛·蓋拉特（David Gelatt），通常我叫他DG，「這是現在我唯一想專注的事情，今晚要獻給爺爺。」

「沒問題，兄弟。」蓋拉特點頭表示同意。

我們家族的人都坐在觀眾席上，除了爺爺，這是他第一次錯過我的比賽，我看向觀眾席，卻看不到那個大方框眼鏡和令人安心的微笑，胃突然一陣不適。

「你OK嗎？克里斯？」隊友問我。

我點了點頭，相信自己在這種情況下，還是可以和其他人一樣好好表現。

隊友們知道我們家發生什麼事——我正在經歷一個十七歲年輕人不應該經歷的事情，也可以說沒有人應該經歷的事情。

大部分朋友就算盡全力也無法理解那種感受，只能偶爾問我好不好，其他時間就讓我一個人冷靜。

這段時間，我的籃球生涯正在蓬勃發展，十七歲以下的學生籃球隊贏得了AAU*的冠軍，並且入選麥當勞全美高中明星隊，之後更準備加入維克森林大學，但這些和我家裡發生的事情相比，一切都毫無意義，我最好的朋友已經不在了。

熱身期間，教練大衛・拉頓（David Laton）走了過來問：「你怎麼樣？」

「我很好，教練。」我試著擺脫焦慮，穩定地投籃。

「克里斯，我是認真的，」教練用由衷關切的語氣說，「告訴我你真正的感覺。」

「好的，如果今晚球隊取得領先，」我回頭看了一眼，「請讓我繼續留在場上。」

「沒問題。」教練點點頭。

一般來說，如果贏到二十分或三十分以上，教練會把我換下來休息，讓其他隊友得到一些上場時間。

「準備好了嗎？」DG問我，當我走上球場，點了點頭。

比賽開始，我們展開快速地進攻，那種焦慮感完全消失了，我開始盡情得分。

＊ 美國業餘運動聯盟（Amateur Athletic Union）。

得分，得分，再得分。

三分球、中距離、後撤步、灌籃。

所有出手都進了，完全沒有人擋得住我，那些連我沒把握進的球都進了。

對手嘗試雙人包夾、三人包夾、更換防守者，但根本沒有差別，他們完全無法阻止我得分。

我的隊友們都瘋了，「繼續投，C！繼續！」

大家都知道北卡羅來納州的單場得分紀錄是六十七分，由一個名字縮寫是MJ，就是麥可．喬丹所保持的，喬丹在北卡的籃球員心中是獨一無二的，而對我來說，這和紀錄沒有關係，也沒想過在數據上超越MJ。

那個時刻，我的能量、我的心，以及展現出來的球技，都轉化成為精神層面的輸出，有一種巨大而無法形容的力量，讓我感覺籃框變得愈來愈大，出手愈來愈準，進球也愈來愈多。

我真心希望爺爺在場，我好像可以感覺到他就在那裡，實際上，我也非常需要他在那裡。

6

夢幻之地

確保你的愛可以分享、你的健康可以常在，你的朋友可以隨時關心。

——昆西．瓊斯（Quincy Jones）

我常感到幸運和祝福，老實說，我覺得自己擁有了世界上最好的家庭。當然，我們絕對不完美，和其他家庭一樣，也有許多問題，不過家人們始終照顧著我，不管有沒有籃球，他們從來不會猶豫地對我們付出，以及展現無條件的愛，這就是我們家。

無條件的愛，這個故事是從夢之地教會開始的。

整個社區都知道奇力爺爺是我們家人中最勤奮的工作者，他可以從早上七點工作到晚上七點，奶奶瑞秋每天都到學校接我媽回家，帶著女兒去瓊斯加油服務站，找爺爺和他的員工們，之後再回家吃晚餐。這樣的例行公事，一星期會發生六天，除了星期日，那是家人們一起去參加夢之地教會的日子。

我父母親雙方已經連續好幾代都參加夢之地教會了，這裡是唯一一個可以讓爺爺放鬆、好好坐下來休息的地方，我知道媽媽和奶奶看到爺爺這樣會很高興，他們從教會和《聖經》裡學到和上帝建立關係的方式，而夢之地也是我媽認識查爾斯·保羅的地方。對，就是我爸。

爸爸的家族來自溫斯頓東邊，和媽媽長大的貝爾維社區很像，大多數鄰居都在菸草公司和電力公司上班，兩邊的家族都很強調尊重，這是他們在我小時候就積極灌輸的觀念。

我爸告訴我，永遠要尊敬和感謝年長的人。事實上，他教我尊重所有人，每次進到一個房間時，要向所有人打招呼、握手、眼神接觸，我一直被這樣教導，這是屬於南方人的習慣，雖然看起來可能微不足道，但這是我們表達尊重的方式。

你會聽到我媽媽喊：「克里斯！」然後我回答：「是的。」接著我爸爸就會提醒說：「你要說什麼？」我立刻改口說：「是的！媽媽！」

這是唯一適當的回答方式，爸爸比較老派，他一直對我哥和我強調要尊敬上帝，並且教導我們是非對錯，確保我們頭腦保持清醒，和正向的朋友們待在一起，有應對分寸的禮貌，我很驕傲地從父親那裡學到，然後傳授給孩子們。

我告訴你，夢之地是大家關係非常緊密的教會。我的意思是，這裡真的是像家人一樣有感情牽絆，我媽的父母和我爸的父母變成最好的朋友，他們一起做很多事情：吃飯、打牌，不管是什麼，他們總是一起行動。我爸爸是東福賽斯高中的美式足球校隊，畢業後常回去看看他的弟弟和妹妹，就是那個時候，他開始和我媽約會。

起初我爸根本不想和我媽約會，因為他覺得我媽被寵壞，是個嬌嬌女。某種程度上，我爸是對的。

爺爺只有我媽和阿姨兩個小孩，她們是瓊斯加油站的小公主。一開始我爸覺得我媽會讓他感到疲憊，所以完全沒有興趣，但你也知道，計畫趕不上變化，命運無法控制，有些事情就是命中注定會發生，最終他們墜入愛河，訂下婚約。

我們家族規模滿龐大的，兩邊加起來的人數太多，一般教堂容納不下，這對戀人不得不移到更大的場地舉行了盛大的婚禮，開始人生的下一段旅程，建立屬於自己家庭的傳統，在溫斯頓－撒冷的郊區——路易斯維爾，買下屬於他們的第一間房子。

爺爺有位朋友，某天路過加油站時，看到我爸在那裡工作，注意到他有一輛小跑車，而且每一年都會換上全新的輪胎。於是這位朋友把我爸拉到一邊說：「年輕人，你為什麼不買房子啊？你可以買一間房子。」年輕充滿活力的爸爸聳了聳肩說：「我買不起房子。」

「你買不起房子？」這位老先生接著說，「如果你開得起那輛車，還可以年年換輪胎，那你絕對買得起一間房。」他開始向我爸爸解釋，如何利用收入買房的方法，我爸也照著他的指示去做。果然，爸媽最終買下了自己的房子。

這間房子的地址是路易斯維爾克萊門斯路八〇一號，是一座位於街角的紅磚屋，帶著綠色的百葉窗，有前院和後院，還有一個巨大的衛星天線，擺在我家的院子裡。

那時巨大的衛星天線非常流行，幾乎每一家都有。有次聖誕節，爸爸買了一輛卡丁車給我們玩，結果CJ在轉彎時，因為我還太小，竟然把我從副駕駛座甩了出去，飛到衛星天線旁邊，他則是撞上野餐的桌子，典型的冒失大哥行為。

我們家車道盡頭有個車庫，進去之後會通往地下室，那是爸爸重新裝修打造的休閒區。一開始那裡只是空曠的小空間，CJ和我常在那裡打籃球、打棒球，只要不讓爸媽生氣就行了。

有一年，爸爸拿到一筆獎金，把地下室重新裝潢一番。他鋪了地板和地毯，買了沙發和音響，每個星期六早上，我都要用些清潔油和加油站那塊紅色抹布，仔細地打掃地下室。我們非常興奮，因為這裡成為我們和朋友新的聚會地點。

從前門進去的話，爸媽的臥室在左邊，客廳在右邊，然後就是廚房，哥哥和我永遠沒辦法偷偷溜出去，因為所有路都會經過爸媽的房間。念大學時，有次珍姐來我家住，爸媽還讓她睡在樓上的房間，我必須睡樓下，哈哈哈！想也知道他們不想發生任何有趣的事情，而我也不能偷偷溜上樓找她，因為必須經過爸媽的房間，他們肯定會聽到地板和房門的吱吱聲。對我來說，那時已經成年了，但他們還是不允許，就是現實生活！

不只是房子的格局帶來很多麻煩，家裡的除草也是一件痛苦的事情，因為面積真的很大。

整個童年中，我最喜歡的地方不是草地，而是爸爸為我們打造的籃球場，它不是全場，但有兩個籃框，柏油的地面，足夠哥哥和我把它當作全場，我永遠不會忘記第一次打球的那一天。

單挑鬥牛是基本的，但有時哥哥和我不打一對一，我們打二對〇，CJ和我會想像兩個虛擬的對手，不斷從他們手中抄球、快攻、互相傳球上演空中接力，我想這應該是最初版本的「空拋之城」*（Lob City），而且可以肯定的是，我們總是拿下最後的勝利。

那間房子裡，我們兄弟度過了美好的童年時光，充滿愛、親情與和平，同時也擁有為了更好生活而奮鬥的心態，算是舒適和渴望的完美結合，這讓我們真正明白努力工作的重要性。

星期六晚上其實沒有很重要，因為更重要的是，爸爸每週日的清晨都會叫我們起床，星期日是專門用來去教堂的，我爸對這件事情可是非常認真。

唯一可以讓感受好一點的，就是我爸做的奶酪烤吐司，因為老爸有一種獨特的方法。他真的很厲害，大多數人都把吐司放到麵包機裡烤，但我爸有獨家專利，他是用烤箱，把吐司烤到金黃色，變得非常酥脆，比那些盒子上的圖片還要好看，我爸做的烤吐司真的太讚、太好吃，我現在還能聞到那種香味。

一頓豐盛的早餐非常重要，因為星期日是整整一天的活動，教堂的禮拜從早上十一點開始，但我們必須早點起床準備，吃完早餐，要先去上主日學，這是做禮拜之前要參加的。

「早安，老爸，你想要贏過上帝嗎？」ＣＪ睡眼惺忪地說，「你們想和我一起出發嗎？」爸爸會笑著回答，這時他已經從頭到腳都穿戴整齊了，而我們連刷牙還沒有開始。

＊保羅在快艇時期，經常和隊友上演空中接力灌籃，所以球迷這樣稱呼洛杉磯。

「我再五分鐘後就會出發，早餐已經好了。」我哥和我會馬上回答：「我們和媽媽一起去！」

教堂距離家裡大約二十分鐘的路程，媽媽會在早上九點半把我們帶到教堂，讓我們有足夠的時間享受老爸的完美烤吐司，同時檢查主日學功課，這和《聖經》研讀不一樣，讀經班在星期三，不要和主日學搞混了，每個星期日，我們必須知道自己的功課，因為有時會被叫到，如果搞不清楚經文或課程，麻煩就大了。

我記得《聖經》裡最喜歡的一段經文是〈希伯來書十一章一節〉：「信是所望之事的實底，是未見之事的確據。」還有〈腓立比書四章十三節〉：「我靠著那加給我力量的，凡事都能做。」

我可以一整天引用這些經文，或許對很多人來說是驚人的，但對我不是。我在南方的黑人教會長大，我們可以在教會吃早餐、午餐，有時連晚餐都在那裡吃。一般教堂通常大約開一到兩個小時，但在黑人教會，你會看到大家在那邊唱聖歌、聽講道、讚美主、背誦經文，每個星期日至少待五個小時以上。

這確實會讓星期日變得特別長，但是我們所習慣的，一直到我進了NBA，聽一些球員講到，才知道不是每個教堂都這樣。夢之地的開放時間從早上十點到下午五點三十分，幾乎每個星期日都是這麼長的時間，我把夢之地當作基礎，永遠感激。

教堂一直是黑人聚集在一起的神奇地方，無論來自哪裡，你可以去任何大城市的街角，發現一群來自南方的年輕黑人，我敢打賭，沒有一個人不能分享關於他們家庭的教會故事。

談到教堂，一切變得更加親近，大家的關係就是這樣建立起來的。黑人教會是我們的中心所在，我要說明一個非常重要的背景：基督教會是許多被奴役的黑人學會閱讀的地方，正是這種教育帶領他們獲得自由。

南北戰爭結束後，美國開始努力重建，被解放的黑人奴隸基本上一無所有，沒有土地，沒有機會，沒有和那些被賣家人的聯繫方式，因此轉向能夠給予幫助的教堂。我很重視這段歷史，主因是想要讓孩子們知道這些事情學校不一定會教，透過自己教育和夢之地教會的課程，是一種很好的學習方式，現在我年紀到了，夠成熟了，也真正能夠了解夢之地為我們家所做的一切。

爺爺比馬丁‧路德‧金（Martin Luther King）、佛瑞德‧沙特史沃斯（Fred Shuttlesworth）、弗農‧瓊斯（Vernon Jones）這些人年輕一點，算是同一代人，而且因為現在所謂的民權運動，爺爺也認識貝亞德‧魯庭斯（Bayard Rustin）。

爺爺在教會做了許多值得自豪的事情，他把這些經驗傳承給我們，而我也很喜歡教堂，看到爺爺和爸爸在那邊擔任執事，有點像教會的領袖，這是件很酷的事情。執事要負責很多事務，該怎麼定義執事的工作呢？答案很簡單，做那些需要做的事情，這就像是他們在教堂或加油站的角色。簡單來說，成為可以把事情做好的人。

執事能記帳、能負責烤肉、幫助各項事業找資金、擔任籃球隊的得分後衛、修理你家漏水的馬桶、獲取獎學金上大學、撲滅火災、進行腦部手術、當空手道教練，同時還懂怎麼節稅，基本上，沒有什麼是執事做不到的。

這就是為什麼爺爺非常適合這個職位，我敢打賭，如果執事參加面試被問：「請問您有什麼資格成為執事？」他們必須給出唯一的標準答案：「因為我有能力把任何事情做好。」

夢之地公園在夢之地社區，位置在馬丁‧路德‧金大道的山坡上，算靠近我曾祖母的家，之前應該是克里斯・洛克（Chris Rock）說過像這樣類似的話吧！馬丁・路德・金博士是歷史上最愛好和平的人之一，大多數以他名字命名的街道都不是開玩笑，你去任何一座城市的黑人社區，總會發現有一條路叫做馬丁・路德・金大道，一切不言而喻。

從遠處看，我們教堂像一座巨大的建築物，外牆磨損得很嚴重，底部用磚砌成；近距離看，寬闊的灰色臺階通往玻璃正門，入口的對面是藍白相間的夢之地公園教會標誌，用來宣傳即將舉行的活動，例如暑期《聖經》學校、詩班週年慶、牧師週年慶，或者一些有價值的詞句，像是「當你願意時，神是能夠的」，或是「當你獨自奔跑時，這是一場競賽，當你與神同行時，這則是恩典」。

和外部比起來，教堂內部現代化許多。進來的正後方是一片深海藍色地毯，貫穿整個教堂，和座椅上的藍色坐墊完美匹配；執事位子旁邊的壇臺和長椅全部都是藍色，壓倒性的顏色，讓進來的人感覺到自己像在一片海洋上放鬆；其他東西則是橡木，支撐椅子的框架、教友存放奉獻的箱子，以及牧師漫長講道的講壇。

對一個孩子來說，靜靜地坐那麼長的時間幾乎不可能，別忘了，教堂是從早上十點到下午五點半，但我們可以在那裡待很久，或者說，根本不在意待了多長時間——這是一種待在家的感覺，這裡的每個人都是家人——當你遇到困難時可以依靠的家人，當你慶祝勝利時想要第一時間打電話的家人，當你遭遇重大失敗後，能夠幫你振作起來的家人，是他們幫助了你，成為真正的自己。

至於爺爺呢？前面他會跟著唱所有詩歌，坐下來聽牧師講道，最後開始打瞌睡。當然，這種狀況不是每次都發生，但你要知道，爺爺在經歷一整個星期辛苦經營生意和管教我們家人之後，有時星期日真的非常疲憊了。ＣＪ和我總是偷偷盯著爺爺，不知道為什麼，我們覺得看到他打瞌睡是世界上最有趣的事。

看什麼呢？看看他會不會撞到後面的長椅。一般來說，他的椅子會稍微往後傾斜，如果我先注意到角度開始變大，就會用手肘頂一下ＣＪ，確保他也看到。光是這樣，ＣＪ就會笑出來，媽媽因此注意到，給我們一個警告的眼神，要我們安靜下來專心聽牧師講道。

不過我們無法控制，會忍不住再看過去，爺爺的點頭動作又會開始。他的頭微微向下傾斜，快要靠到胸口時，他會醒過來，搖一搖頭，四處張望，確保沒有人注意到他偷打瞌睡，同時喊了兩、三聲「阿們」，好像他一直有在聽，哈哈哈哈哈！

有時實在無法抵擋睡意，他的下巴就會靠在胸前了。說實話，那樣看起來很像在禱告，所以大部分的人沒有注意到，但CJ和我會發現；他的眼鏡慢慢滑到鼻子前端，快要掉在嘴巴上時，我們就笑得很厲害，卻又必須保持冷靜，這絕對會讓我們再次收到媽媽或爸爸的警告眼神。

無論如何，沒有人會因為爺爺在教堂裡打瞌睡而不高興，因為每個人都知道他那麼努力地工作，需要把握任何可以休息的機會。

我非常喜歡去教堂，不過老實說，當我們年紀大到可以安排自己的時間時，籃球確實是一個擺脫漫長講道的好理由。我哥和我都在YMCA打球，比賽時間是星期日下午一點半，我們會在中午十二點三十分左右離開教堂，這樣才能準時到達球場。

我們其中一個會叫上另外一個人，輕拍媽媽的肩膀，「嘿！該走了，我可不想錯過這場比賽。」於是爸媽會帶我們去球場，如果教會活動結束後比賽還在進行，家人和朋友們就會來加油，這是一段非常特別的時光，是我永遠珍惜的時刻。

7

不要放棄

不害怕強權很好，但成為強權更好。

——湯姆・喬納（Tom Joyner）

湯姆・喬納是二十世紀後期黑人社會中的傳奇人物。

他擁有自己的全國性節目《湯姆・喬納早安秀》，整個南方地區都會聽到他的ＤＪ廣播，你聽過就知道，「喔！喔！喔！這是湯姆・喬納早安秀！」大多數黑人社區的早上都固定播放這個節目。而且湯姆不只當ＤＪ，還是喜劇演員、新聞記者，以及牧師的綜合體，這些形象最大的目的只有一個，就是回饋社會。每年他都會舉辦大型慈善活動，爺爺很幸運地能夠參與其中。

這些大型慈善活動之一，就是湯姆會在全國每個黑人社區選擇一家加油站，然後一整天提供每一輛汽車一美元加滿油的服務，接著再用一筆高額捐款補貼這些加油站。

湯姆選擇溫斯頓－撒冷的瓊斯雪佛龍，我們對此不覺得驚訝且為爺爺感到合理和驕傲，迫不及待地期待那個星期六的到來。

當然，不是所有人都感到開心和興奮，距離沒有很遠的另一家黑人加油站老闆就很生氣，因為湯姆．喬納沒有選擇他的店而非常不爽，開始告訴所有客人和任何願意聽的人，說一些爺爺的汽油會摻水，這種狗屁不通的謊話。

想也知道，如果你把水和汽油混合後加到油箱裡會怎麼樣。如果你對車子不了解，讓我告訴你：水和汽油不能混合。很明顯的，這是很荒謬的言論，但謠言一傳開，傳到爺爺的加油站那裡，還是影響到客人，我們確實失去了一些生意。

至於爺爺，他沒有因為謠言而生氣或反駁，而是繼續做好事情，聽到這種莫名其妙的誹謗時，他通常的態度都是微笑和深呼吸，心裡想著「我是幸福且備受恩典的」，然後告訴那個人真正的事實。

爺爺經歷很多事，在經營生意的路上，這只是一個小障礙，他大可發飆或直接找造謠的人理論對質，但自信讓他略過了這些不必要的爭吵。

這讓原本有意義的活動出現各種麻煩，爺爺必須花更多時間去闢謠，而不是為活動做準備，他還花時間勸我媽媽和阿姨不要去爭論，不要說一些不好聽的話，大家都超生氣的。

終於到了活動那天，算是另一種家族聚會，我們每個人都在加油站工作──表兄弟姊妹、叔叔、阿姨，還有朋友，感覺超美妙。加油的車子們排成好幾公里長的隊伍，一路延伸，甚至超過了卡佛高中，我們必須派人出去指揮引導，好讓客人能夠順利進到店裡加油。

那天，爺爺一整天都帶著微笑，我知道他感到驕傲，因為那些人在背後造謠，說三道四，他卻用高尚的態度回應，不實的謠言沒有阻止客人開車前來。爺爺看到我們家族一起奮鬥，整個團隊讓來加油的人感到非常滿意。

前面已經提過我們家族非常努力工作了，你知道有時全力工作會招人嫉妒，讓事情不會那麼順利進行，這需要有強大的心理素質來應對，總會有人嫉妒你，並且嘗試散播謠言來攻擊，這其實是個人職業生涯中激發潛力的一部分：當你失敗時，必須保持足夠堅強的自信，即使覺得自己比所有隊友或所有對手加起來還要努力工作，但事情仍然有可能沒有達到你要的結果，相信我，這些是經驗之談。

大多數人不知道，我直到高中第三年才開始打校隊，你可能不信，我在高一和高二這兩年都只是培訓隊。

我認為自己高一就可以進入校隊，不只是因為ＣＪ已經在校隊裡，學生聯盟的所有隊友也全都是高中校隊了，校隊的實力和我比較接近，培訓隊對我來說有點太輕鬆，每晚比賽，我可以輕易繳出三十分和十個籃板，還有一堆抄截。

我一次又一次地說服高中教練拉頓讓我升上校隊，但他每次都是相同回應：「克里斯，在這裡你不會得到太多上場時間。」

到了最後，我和爸爸都覺得「隨便了」，留在培訓隊就培訓隊吧，好好提升自信心，我知道自己有足夠能力進入高中校隊。無法成為其中一員，沒有讓我喪志，反而激勵我更努力練習。因此，我開始在培訓隊練完之後，留下來和校隊的球員一起練習。

學校有兩個體育館，培訓隊在老體育館訓練，那裡是磚塊地板，而且清潔人員好像常常忘記打掃，球場的地板總是又髒又滑。

雖然這不是太糟糕的事情，但也不是提升球技的理想環境。相較之下，新的體育館好上許多。校隊球員都在那裡訓練，新的木地板和新的籃球架，籃框沒有因為多年的敲擊而彎曲變形。

放學後，我會先去舊體育館參加培訓隊練球，訓練結束後，立刻跑到新體育館和校隊再練一次，每天都這樣做，從來沒有抱怨過。有時兩次訓練結束後，回家還會再打個球，籃球真的是我生活的一切。

這些努力好像開始有點回報，高中一年級，我一度被升到校隊名單中，他們讓我參加一年一度的聖誕節錦標賽，第一場和第二場沒有上場，第三場比賽終於上場了。那可是錦標賽的冠軍戰，原因是ＣＪ犯滿畢業，不過那場比賽結束之後，我又馬上回到培訓隊，是不是讓人很失望？那種感覺就像教練們要嘛沒看到，要嘛不想看到我的實力，這段令人沮喪的時期，我很常和爺爺聊天。

「克里斯，」他會這樣說，「你知道以前有多少人說我買不起自己的加油站，或者說我的生意第一年就會失敗，因為我從來沒有經營過自己的店，但這些有阻止我努力嗎？」

「沒有，爺爺。」

「繼續做你該做的事，然後相信自己，其他人會看到，你也會學到東西，我保證。」

我和哥哥都想進入ＮＢＡ，他高中四年都打校隊，所以我認為自己應該也可以。高一時沒有入選校隊，我覺得高二就是時候入選了，但又一次，我期待的沒有實現，對一個年輕球員來說，這是人生中最困難的事情之一。

爸爸說高二的我絕對有實力進入校隊，媽媽也希望我可以和ＣＪ一起打球，就算我也這麼想，但教練還是用那套「我不會得到任何上場時間」的說法，這是最痛苦且討厭的地方，因為我知道自己夠出色，即便多年過去，我依舊有相同的想法：最好的球員應該得到機會。

「克里斯，這是政治問題，」我爸帶著些許憤怒說，「不要讓這些人影響你的注意力，繼續努力，繼續做自己。」

這個時候，我對拉頓教練已經沒有期待了。

我相信爸爸說的一切，這種鼓勵的話語也很重要，但痛苦還在，被輕視的感覺還是無法輕易消除，校隊才是真正的戰場。在培訓隊，就算我能得到一千分，也沒有人會關心，因為大家都把注意力集中在校隊身上。

我真的很想在那裡，我也應該在那裡，我深深相信，高中頭兩年沒有進校隊會對職業生涯產生許多負面影響，不過回顧起來，這反而讓我更渴望成功；現在看起來，比想像中幫助我更多。

每次有機會和年輕球員交流時，我總是告訴他們自己在培訓隊的經驗，我會酸酸地和他們說，這對提升自信心很有幫助；踏上球場時，自信是一切的動力，是信任的基礎，有了信心，將可以果斷地做出決定，「如果高二我在校隊的板凳上坐著，會建立出同樣的信心嗎？」

可能不會。

沒有立刻進入高中校隊，讓我獲得全面提升自我技能的機會，完善了各項的控球技能，增強調整一些不擅長的部分，包括非慣用手的使用，並且徹底學會控制比賽節奏，成為場上主導者對我來說，已經成為一種常態。等我高三時，真正進入校隊，每個人都已經知道我的球技非常厲害，現在回想起來，在培訓隊成為明星球員，變成籃球生涯中最好的事情之一。

終於，高中第三年時，我穿上了校隊球衣，很輕鬆地繳出場均二十五分的成績，從一個培訓隊成員變成家喻戶曉的球員。

最值得驕傲的是我沒有放棄，一直持續努力著，成為高中校隊，獲得上場表現的機會時，過去的不屈不撓帶來巨大回報。從那時開始，每次有人說我做不到什麼，我從來不會不尊重他或積極辯解——我就只是回家，然後加倍努力。

那兩年我與爺爺聊天真的很有幫助，我也確保自己和孩子們分享，當自己還不夠好的時候，或者當自己有足夠才華卻還是被忽視的時候，專注著眼前的目標，企圖心絕對不嫌多：成為學生聯隊中最好的球員不夠，成為高中校隊中最好的球員不夠，受到大學名校的積極招募也不夠，一切永遠都不夠。

這讓我想起爺爺最喜歡的那句話：「我一生備受恩典且充滿祝福。」

感恩我們能夠在這裡，有能力競爭，如果你擁有這種能力，就應該不斷努力去爭取最好的，同時，你會獲得最高程度的信心。

有時好像只有自己能看到自己的潛力，但保持這種自信並堅持努力，就算只有自己看到，也會變得更堅強，因為只要有你，以及相信你的人就夠了。繼續前進、繼續嘗試、繼續戰鬥，你一定會愈來愈好，有一天，這一切會得到回報，對我來說是這樣，對爺爺來說是這樣，對任何把這些牢記在心的人來說，也是這樣。

8

父親、兒子、兄弟

重複練習，解決問題。

——蒙提・威廉斯教練（Monty Williams）

看到小克里斯的好勝心，我感覺到自己更加投入，因為他沒有哥哥或弟弟來刺激而更努力。

我告訴你，有個哥哥對男孩子來說影響很大，我的好勝心有一部分是因為生活中有哥哥CJ，他是我最好的朋友，也是事業上的合作夥伴，但我們不是沒有爭吵。

當你看到我們其中一人，就幾乎會看到另一人。小時候，我們常意見不合而發生衝突，大部分原因是我想一直和CJ待在一起，但他只把我當作討厭的跟屁蟲。如果ＣＪ去參加生日派對，我也想去；如果ＣＪ去朋友家過夜，我也想住。如果ＣＪ出去打籃球，我可以和你打賭，我肯定會穿好球衣和球鞋跟在他後面。這個基本道理就是，對他來說是做一些事情，而對我來說，是我們一起做一些事。

我們可以為任何大小事吵架，有時甚至氣到想把對方殺掉。不過令人驚訝的是，我的兩個孩子卻相親相愛，兄妹之間的感情很好，當然偶爾會吵架，但絕對不是我和ＣＪ的那種方式。

ＣＪ是哥哥，從歷史的角度去看，大家都知道弟弟總是想盡一切辦法擊敗哥哥，不管是什麼遊戲：大富翁、疊疊樂、ＰＳ電動遊戲或各項運動，這麼多年來，ＣＪ在所有項目都比我厲害，因為他更有經驗、更聰明、更強壯。

我記得在培訓隊時，ＣＪ只要用力頂一下，我就會倒地；在後院一對一單挑也是相同狀況，我完全沒有辦法抵擋。那時體型比不上他，也還沒開始做重量訓練，完全無法和他的力量對抗。

隨著身高、體重不斷地自然增長，我知道自己可以了。於是抓住每次機會去挑戰他，無論是飛機上的紙牌遊戲、屏風四子棋、沙包投準或玩撲克牌，我全部都想贏。

「**比起贏，我更討厭輸。**」這句話我一直掛在嘴邊，現在的我會在他準備推桿時盯著看，哈哈！ＣＪ可能覺得有點煩，但他只能怪自己，是他讓我變得這麼有競爭力。

真正開始經常打敗ＣＪ是他離家念大學之後，當時我升高三，身體還很瘦弱，不過他回來過感恩節時，我已經變得很強壯，可以在場上扣籃和做任何事，他也知道沒有什麼人能阻擋我了。

我必須好好謝謝ＣＪ——如果沒有一個無論什麼都想要贏我的哥哥，我可能不會如此努力地加強球技。我們家族都是認真的求勝者，包括我爸媽，特別是我媽，只要涉及到輸贏，她可是相當認真，這一點我絕對是遺傳自她。雖然ＣＪ現在可能不願意承認，因為他是哥哥，但我相信他第一次從大學回家，在後院一對一被我擊敗的那一刻起，就知道這個弟弟最終會超越他。

我們繼續在球場上對抗，他還是試著上身體，把我推倒、用力犯規，但我已經慢慢開始比他強。這時ＣＪ也夠聰明，不再和我一對一單挑，反而和我組隊，一起在ＹＭＣＡ和朋友打對抗賽；如果我們沒有分到同一隊，我就必須準備好他會隨時上身體、給壓力，不過這個方式不管用，因為我已經變得很厲害，完全不怕了。

小克里斯和卡琳現在打籃球，對我來說非常有趣，我喜歡看著他們訓練，但講到我和ＣＪ之間的關係，一個哥哥能帶來的天生對抗性是無法複製的。

爸媽也影響了我，他們幫助我塑造在運動項目上的競爭企圖心，這是我試著在孩子們身上也塑造出來的。不過大多數父母親都知道，每個孩子都不一樣，必須用不同方式對待，身為兩個孩子的父親，我知道這是真的。

我剛成為高一新生時，ＣＪ已經是高三生了，爸媽不讓我參加團隊訓練營，只有ＣＪ可以去，因為他比我大兩歲。團隊訓練營把不同球隊聚集在一起住宿一個星期，球員們可以不停地練習和比賽，這是高中球隊為新賽季做準備的方式。

這段時間裡，整天都在比賽，了解彼此的優勢和缺點，享受打球的樂趣，建立朋友關係。一般來說，團隊訓練營不會在同一所大學舉行，往往會四處移動，球員們可以去體驗和隊友一起出遊的感覺。

我從頭到尾都沒有得到爸媽的解釋，到底為什麼我不能去而ＣＪ可以，正如大家所看到的，至今我還是感到很不爽。

ＣＪ和我總是在一起，關心彼此，但事實上，一直到他上大學，我們才成為真正的好朋友。當他收拾行李、準備告別時，我才突然意識到不只失去了兄弟，還失去了一個朋友的陪伴，我無法習慣分開，也無法知道自己該怎麼應對。當我們每天都見面的時期，很容易發生摩擦、衝突，但現在他要前往距離四個半小時車程遠的地方，誰還能在我身邊給予挑戰，讓我變得更好呢？

我永遠不會忘記第一次把ＣＪ送到漢普頓大學的那一天，我替他去打球感到高興，同時也感到失落。

「替ＣＪ感到興奮嗎？」媽媽轉頭看著我說，「兩年後，我們也會讓你做同樣的事！」

「兩個大學運動選手。」老爸加入了對話，「是啊，但為什麼漢普頓這麼遠啊？」我回答，我知道這所學校在維吉尼亞州，但感覺還是很遠。

我看著窗外的路標，上面寫著歡迎來到維吉尼亞州，然後進入漢普頓，經過漢普頓河，最後是漢普頓大學。ＣＪ看著一大片的土地，美麗的建築，還有即將成為同學的夥伴，你可以發現他的微笑，看得出他對未來感到興奮。

「我要停這裡，這樣就可以迅速把CJ的行李送到他的房間。」老爸找到一個靠近我哥宿舍的停車位，我拿著一個CJ的手提箱下車，除了衣服和球鞋，CJ還有一些搬進大學時需要的物品，像是浴巾、毛巾、迷你冰箱、盥洗用品等。我們把所有東西搬上樓，放到他的宿舍裡。完成一切之後，CJ陪我們回到停車場，花點時間給我們每個人大大的擁抱。

我替CJ感到開心，同時也很難過，因為這場道別的感覺好像是永遠，我認真以為再也不會一起生活了，我將失去哥哥。當時我不知道，幾年之後，我們又再次一起生活，一同展開我的NBA之旅。

我和爸媽上了車，CJ在我後面關上了車門，向離開校園的我們揮手再見。我把頭靠在車子的窗戶上，看著CJ漸漸消失在大學新生活中，後照鏡裡的漢普頓大學字體變得愈來愈小，最後整個校園在我眼中消失。

「你還好吧？克里斯？」爸爸邊開車邊問，「克里斯，還好嗎？」

「嗯，我沒事，」我的眼淚不禁流了下來，趕快把頭埋進T恤裡，不想讓爸媽看到。但我控制不了，真的沒想到哥哥上大學對我影響這麼大。

「哎唷，他每個週末都會回家，寶貝，」媽媽說，「沒事的。」

「發洩一下沒關係，兒子，」爸爸說，「我知道很難，我們也很想他。」

我擦了擦眼淚，想起爺爺說過：「試著在不舒適的環境中感到舒適。」CJ離開去大學，絕對就是不舒適的定義。對我來說，適應不舒適就是成長的一部分，一直到現在，我哥在許多方面還是讓我感到安心舒適的關鍵人物。

起初，CJ不在讓一切都變了，我感到對玩電動遊戲提不起勁，一個人玩和有對手一起玩是不一樣的感受，我只想和CJ打並擊敗他，和電腦對戰沒那麼有趣。自從哥哥去漢普頓大學之後，我就停止打遊戲機，並且感到十分孤單。而爺爺就是爺爺，這時挺身而出，填補了這個空缺。

CJ不在時，我更常去瓊斯加油站，繼續跟著爺爺上班和賺錢，我們變得更加親近。星期日參加完教堂之後，會一起看籃球和足球比賽，一起去我們最喜歡的餐廳吃飯，一起享用那道著名的烤肋排，然後天南地北聊個不停。我很想念哥哥CJ，但爺爺適時地陪伴，讓一切都好了起來——這就是好朋友的作用。

我的兩個孩子也是這樣，他們像ＣＪ和我一樣，感情非常好。事實上，他們的關係甚至提升到另外一個層次：ＣＪ和我很親，所以小克里斯和卡琳，以及他家的孩子，就是我姪子卡德（Carder）和侄女克洛依（Chloe），基本上就像親兄弟姊妹。我們變成一個大家庭，感情都很好。有時我會想像如果小克里斯長大後要離家去上大學，妹妹卡琳會有什麼反應，又或者會不會只有我一個人捨不得。

我們有時會開著小廂型車去看ＣＪ比賽，我感覺和他之間有了不一樣的連結——彷彿現在我是他的哥哥，或是他的教練，成為他的守護者。我總是坐在第一排，盯著ＣＪ的每一個動作，評論他每一場的表現。

就一位籃球員來說，我的技術愈來愈好，也開始學會用不同角度去理解比賽，不只是為了自己，也為了我的兄弟，我想讓他成為最好的球員之一。如果發現他被教練冷落或沒有被其他球員尊重，我會非常生氣；說來有趣，現在我打ＮＢＡ，他也對我做一樣的事，而這種情況貫穿了我整個職業生涯。有時我還必須告訴他：「夠了，坐下！」看他的比賽時，一度比自己比賽還要更加焦慮和緊張，如果他在場上沒有處理好球或發生失誤，我會感到不爽；有時還會有其他球員對他說垃圾話。

那時我已經逐漸在球場上打出名號，不管是進攻還是防守、心理還是身體，幾乎沒什麼事情能威脅我，一旦我看到CJ被垃圾話攻擊，我會大聲喊回場上：「我倒是很想知道你敢不敢這樣噴我！」但我必須了解這不是自己的比賽，同樣要學會坐下來冷靜，專心為兄弟加油就好。這是我一直以來很喜歡做的事，只有一次例外。聽起來很難相信，我們竟然曾在大學時對上彼此。那時CJ離開了漢普頓，轉學到南卡羅來納州立大學（USC Upstate）。美國大學籃球聯盟（NCAA）調整了規章，允許不同層級的學校進行交流賽。令人驚訝的是，維克森林大學在季前熱身賽中，有機會對陣南卡羅來納州大學。

全家人都到了現場看我們兄弟難得對陣的比賽，我爸甚至做了一頂帽子，一邊寫南卡州大，一邊寫維克森林，他非常自豪地支持兩個兒子；整個家族的人，有的穿南卡州大的球衣，有的穿維克森林大學的球衣，有的穿兩間學校混合的球衣。還有一張我非常喜歡的老照片，照片上看起來有數百位家人一起來加油，所有人都穿印著「保羅籃球」（PAUL BALL）的T恤。

那場比賽，CJ沒有獲得很多上場時間，因為他早早陷入犯規麻煩，他像我們小時候鬥牛那樣，一直用身體和力量去壓迫對手，但這次裁判盯上他了。瘋狂的是，我竟然沒有和CJ在場上對位過。

至於我的表現，維克森林大學二年級時，從來沒有灌過籃，但那場對上哥哥學校的比賽感覺很不一樣，我的能量超出過往標準，真的利用那場比賽上演了大學生涯第一次灌籃——我成功抄球，展開快攻，前面沒有人阻擋的情況下，雙手拿著球塞進籃框；那一瞬間，我甚至想掛在籃框上吃個技術犯規，這樣可以在上面居高臨下微笑看著我哥，一直到今天，我還是很後悔當時沒有這樣做，哈哈哈哈哈！

維克森林的球迷陷入瘋狂，老實說，這根本不算是場比賽，完全就是一場屠殺。我們把他們打得體無完膚。最終比分是一〇二比五十七。

不過我也要替CJ說話，我們球隊擁有眾多全美頂級球員，CJ的學校一點贏球的機會都沒有。但能夠和哥哥同場競技，感覺還是很棒，雖然我知道他可能不是那麼開心。賽後回到球隊大巴，我打了通電話給他，確保他沒事，但他不想談論比賽，我不在意，如果角色互換，我可能也不想談。現在，過了二十年之後，我看著小克里斯和卡琳打籃球，感覺真的太有趣了。

卡琳慢慢喜歡上籃球，小克里斯覺得籃球比任何事都吸引人。他好像一本行走的籃球百科全書，對一切有關籃球的事物瞭若指掌，他可以告訴你喜歡球員的所有事情，不管是過去還是現在，什麼都知道。

小克里斯很小就開始跟我東奔西走，身為父親，我盡量帶著他一起練球，或是看一些比賽，尤其是全明星週這種氣氛比較不緊張的比賽。你會發現，當他看到平常在ＮＢＡ電動遊戲裡操控的球員時，眼睛張得多大，大到你絕對無法想像。即便過了這麼多年，他還是會超級興奮。能夠給兒子這種體驗，然後和他一起度過這些時刻，對我來說意義非凡。

我最喜歡的時刻之一，就是有次在洛杉磯的訪問。當時和快艇隊友布雷克．葛瑞芬（Blake Griffin）在賽後接受媒體聯訪，有位記者問到比賽中某一球，我和當時剛滿兩歲、坐在腿上的小克里斯說，你模仿「布雷克臉」。沒錯，在我身邊那個超級球星布雷克，小克里斯馬上皺著眉頭，擺出一張酷酷臉，就是布雷克每次灌籃之後會出現的那張臉，這種東西是教不來的。我真的很喜歡看到，即使年紀這麼小，就已經有這麼高的專注力，對籃球充滿熱愛。

甚至有時會抓到小克里斯躲在房間看比賽的精彩片段，研究那些偉大球星的動作；現今的孩子們可以輕易在網路上找到所有比賽的存檔，這是我在他這個年紀無法接觸到的。我希望孩子們不只是在手機上觀看這些籃球動作，而是願意走出去摸索，以前我和ＣＪ都迫不及待地想要嘗試，那些在電視上看到最喜歡球員的運球和傳球。

我和ＣＪ還小的時候，都是在ＷＧＮ頻道搜尋芝加哥公牛的比賽影片來看，隔天就會在後院球場看到我們模仿那些動作：運球變向、後仰投籃、急停出手、假動作上籃，還有邊跑邊吐舌頭的樣子，就像喬丹一樣。

每次的組合都是史考提‧皮朋（Scottie Pippen）和喬丹，我當然是喬丹，ＣＪ是皮朋，不管是在後院還是公園，甚至會把捲起來的長襪，用大風車灌籃的方式灌進洗衣籃。這就是籃球帶來的能量，我和孩子們經常熱情地討論籃球的大小事。

看到小克里斯在球場上奔跑，不斷努力提升自己的技術，讓我感到驕傲，因為他努力去成為最優秀的球員。每當來到北卡羅來納州，尤其是在我們溫斯頓－撒冷的家，我總能看到一些特別的東西，我想可能是因為他知道這個地方造就了我，一個NBA等級的球員，所以能讓他將自己提升到另一個層次。

這個版本的小克里斯讓我想起了爺爺和我，不確定是因為溫斯頓－撒冷家中擁有自己的健身房，還是因為這裡有我的好朋友喬喬和麥克在後面督促他，小克里斯把自身球技提升到一個全新層次。陽光剛出現的早晨，他竟然把我叫醒說：「爸，帶我去球場吧！我準備好了，想和你一早就去報到。」

小克里斯承襲了我的名字，一出生就注定和籃球結下不解之緣，我們之間大部分聊的內容都是籃球場上的表現；居住的房子會出現籃球獎盃、籃球獎狀或籃球獎牌，我的職業讓全家人必須妥協、犧牲，有時要刻意請假一天，飛回家去看看他們，然後再趕下一個航班回去準備接下來的比賽，有時是他們放學後趕來看我比賽。

家庭生活中，每個時刻都很重要，如果常遠離家人，時間顯得更加重要了。籃球一直是我生命中的重要因素，我和家人們也學會如何讓旅行成為我們的一部分，盡可能讓它變得有意義。

小克里斯生活中大部分時間都專注在籃球，現在他十三歲了，正逐漸養成自己的個性，嘗試找到適合自己的道路。兩個孩子的夢想至關重要，我和珍妲將全力支持，無論他們選擇走怎樣的路。

我所期望的是，小克里斯除了對電動遊戲感興趣之外，也能對其他事情充滿熱情。我知道目前最大的興趣還是電玩，我鼓勵他去上一些游戲開發課程，成為這個產業的佼佼者；我還會問小克里斯喜不喜歡籃球，也保證他不需要說我想聽到的答案，不論他喜歡什麼，我永遠不會給小孩壓力，因為我希望他快樂。

「如果你熱愛某件事物，但還有人比你更努力工作，而你已經滿足現狀，那真的可以說是熱愛嗎？」

這是我一直問小克里斯的話，做為NBA聯盟中年紀最大的球員之一，隊友們的年紀和我兒子更接近。想像一下，和這些年輕人比賽，身為一個老將，絕對不能走捷徑，不能偷懶，絕對不能，我始終全力以赴。

不久前，休斯頓火箭教練布萊特．甘寧（Brett Gunning）和我說：「你必須被迫學著應對那些不是那麼認真看待工作的人。」這是我聽過最好的建議之一，因為我認真看待籃球，我們打的不只是比賽。

我會如此認真是因為真的非常熱愛籃球，而且非常討厭輸球，無時無刻都想著籃球，把握一切機會觀看比賽，像科學家一樣每天研究這項運動，非常執著。籃球是我人生中最重要的一部分，我對隊友有責任，盡我所能為勝利做出貢獻。這就是成功所需要的愛——不論是籃球還是其他事務。爺爺教我的觀念不僅適用在籃球上，也是非常酷且實用的想法。

這麼多年來，小克里斯在籃球方面的發展很出色，但無論他做什麼，我都全力支持。有段時間他喜歡上其他運動項目，以至於有一整年完全沒有打籃球，但同樣的，我還是無條件支持，從來沒有想過把籃球硬帶入到我們的聊天當中。

他很喜歡足球，我開始研究這項從沒參與過的運動，只要有空，我都用來學習足球，原因是小克里斯變得很厲害，我想要在那裡支持他。包括觀看所有網路上的影片，參加足球比賽，研究規則手冊，和其他熱心支持足球的家長交流，我把空閒時間都投入在足球上。當我看到兒子這麼投入而感同身受時，小克里斯卻突然對足球厭倦了，最終又回到籃球場；沒關係，這是過程，而且是非常重要的過程。

疫情期間，我有比較長的時間待在家，心想著如果小克里斯想打籃球而不是足球的話，最好的教練應該就是我了，這不只是幫助他訓練，更是父子共度時光的好機會。

我訓練他的方式和爺爺訓練我的方式一樣，爺爺是在修車廠訓練我，雖然當時我年紀不夠大，沒有辦法進行汽車檢查，但在車行工作，就必須要能幫上忙。我把專注力放在輪胎的更換上，幫客人換輪胎沒有兒童手冊，我要像大人一樣去處理和更換那些輪胎；小克里斯也是如此，他必須做好準備，在我的幫助下，接受適當的訓練。

有氧運動、體能訓練、籃球技巧加強，更多的籃球技巧加強——從投籃到傳球、運球，你能想到的都有，這也是成為偉大球員所需要的一切。

對小克里斯來說，我的訓練菜單不有趣，而我不希望從原本「我是他想打籃球的原因」，變成「我是他不想碰球的原因」，但有一點必須澄清，我不是瘋狂嚴格的教官，只是想提供兒子競爭賽場上必備的技能。

許多內容訓練和爺爺與爸爸對ＣＪ和我的方式相似，爸爸以前的訓練是要我們隨時像準備打仗一樣，而爺爺從來不讓我們在加油站偷懶，但這些對小克里斯沒什麼效果。有一天他向我反映了這一點，我很高興地與他溝通，商量出更好的模式。於是從一對一訓練，變成全家人一起健身，這個方式在疫情早期更適合，因為可以激勵彼此，盡力而為，這比只有我和小克里斯在籃球場上投籃更加有趣且有效。

ＣＪ和我小的時候，總是想跟去看爸爸打籃球，雖然他高中打美式足球，但爸爸其實很喜歡籃球，他會在溫斯頓－撒冷的各個聯盟中參加籃球比賽，我們跟著到處跑來跑去，在磨損的木質看臺上看爸爸打球，在一旁加油打氣培養了我們早期對籃球的愛好。

這種對籃球的熱愛是父親給我的禮物，而我一直希望將這份禮物傳承下去。我和ＣＪ都告訴爸爸有多麼想打籃球，他像一個愛孩子且知道我們有多喜歡這項運動的好父親，開始支持我們。

我們兄弟分別四歲和兩歲時，爸爸買了兩個小小的塑膠籃球架，在家裡地下室打造一個完整的小型籃球場，他用紅色膠帶貼出罰球線；我們開始比賽，像職業球員一樣來回奔跑。

再大一點時，爸爸在我們家後山建了一座真正的籃球場，ＣＪ、我和鄰居的孩子們想打球時可以隨時進行，爸爸看到我們對籃球充滿熱情，開始安排真正的訓練和比賽了。

哥哥和我應該是你一生中見過最努力練球的七歲和五歲小孩，我爸是ＮＢＡ的粉絲，他喜歡傳奇球星「冰人」喬治．葛文（George Gervin）非慣用手打球的技巧，所以希望ＣＪ和我也練到那個等級：爸爸會把我們的右手綁在背後，只能用左手做事；到了球場上，他要求我們把右手臂塞進衣服裡，讓我們完全無法使用右手處理球。

左手慢慢練起來之後，雙手運用算是完成了。接著爸爸開始要我們戴眼罩上場，不能用眼睛看球，一開始我們覺得莫名其妙，常互相撞到或撞到籃架，但最後哥哥和我還是克服了挑戰。

值得一提的是，我最自豪的時刻之一是在ＮＢＡ傳奇人物的午餐聚會上，把我爸爸介紹給「冰人」認識。正如我所預料，爸爸和喬治聊的第一件事，就是他是如何把我們的手綁在身體背後，讓我們學會像「冰人」一樣使用非慣用手打球。喬治聽得很開心，但肯定不會知道，這種方式讓我們兄弟倆吃足了苦頭。

我爸爸最討厭的就是降低籃框高度，他壓根兒不同意這樣做，認為這會讓我們養成壞習慣，應該像成年球員一樣訓練就好。

基本上，每個小孩都希望降低籃框，這樣就可以進行空中接力，或是像多米尼克．威金斯（Dominique Wilkins）一樣來個暴力灌籃。我們也是小孩，爸爸去上班時，我和ＣＪ就把籃框降下來，你要知道，當時沒有智慧型手機，也沒有電子鬧鐘，我們不知道爸爸什麼時候會回家。有幾次他回到家時，正好抓到我們正面扣、反手扣、空中接力灌籃。爸爸一停好車就大喊：「給我把籃框升回去！」

他生氣不只是為了訓練我們，還有一個原因是，我們為了學達里爾．道金斯（Darryl Dawkins）的姿勢，灌籃之後掛在上面，已經弄壞兩個籃框了。難怪爸爸不允許，現在回想第一次看到小克里斯降低籃框後灌籃的情景，真是太好笑了。

後來我懂爸爸的想法了，老爸和爺爺最不希望的一件事，就是降低事情的難度，讓孩子們容易達成目標，他們認為凡事需要適當的阻力，人才會變得更好，這也是爺爺一直強調的堅持——但我還是必須說，降低籃框，我們才能像七呎高的球員一樣，灌籃灌得那麼輕鬆，真的很有趣啊！

於是，籃框升了回來，我們回到爸爸的嚴格訓練，表示不許胡鬧了。爸爸的方法非常有效，ＣＪ在學生聯盟比賽時，他用左手運球已經像用右手一樣得心應手，我也有相同感受；上高中時，我的能力遠超過比賽強度，因為我們已經可以像職業球員一樣訓練和思考了。

爸爸希望哥哥和我成為最優秀的球員，所以他認真地訓練我們。老實說，喜歡上籃球之前，我很討厭那種訓練方式，但現在我願意早起，提前去球館，因為我愛這個過程，對我來說這是一種樂趣。我對我的體能訓練團隊始終保持開放態度，總是樂意嘗試他們提出的新挑戰，必須一直願意不斷變得更好。當然，訓練師唐尼（Donnie）和大衛（David）總是在後面督促我，我真的很享受這樣的挑戰。包括訓練菜單、飲食方式、比賽風格都有所進化，唯一沒有改變的是我的工作態度。

從以前到現在，我一直努力鍛鍊，這點完全沒有改變，而我的團隊用一種更聰明的工作心態，確保我所做的每件小事都能產生更大的效果，透過良性溝通和分工合作，盡一切可能讓我保持身體和心理的最佳狀態，很幸運有這麼棒的團隊和我一起努力。

不只是在球場上努力拚戰，我們看到爸爸在工作上也格外努力，目的就是讓

ＣＪ和我可以無後顧之憂地打籃球。我試著讓孩子們明白他們的爺爺、奶奶和曾祖父母所做的犧牲，創造他們現在享受的生活。當我和ＣＪ還是孩子時並沒有發現，爺爺的一些選擇幫助了我們朝著正確的方向前進。

這些聽起來好像是種很強烈且艱難的犧牲，但我真心相信我們有世界上最好的父母親，這也是為什麼我對自己孩子們如此嚴厲，每一分錢、每一分鐘、每一分關注，我們爸媽在ＣＪ和我真正投入籃球時，毫無保留地給予，他們真的為了實現我們的籃球夢想付出了很多，當時人們還看不到天賦，我們也還沒有真正成為職業籃球選手。

爸爸的有薪假不多，又必須休息兩個星期或更多時間，才能參加我們所有的比賽。他有時去借錢，或者到爺爺的店裡加班，這樣才能賺到足夠的錢來支付帳單。我們球隊的成績很好，每年都能打進全國決賽，所以需要爸爸在那裡指導我們、照顧我們，提醒我們盡最大的努力。他從來沒有抱怨或找藉口，只是想辦法滿足所有需求；媽媽也參與了每一場比賽，一直為我們加油打氣。當父母能夠參與孩子的籃球比賽，尤其是兩位父母都能在場，這是何等大的恩典，我永遠心存感激，因為這種奢侈不是每個人都能擁有。

我總會笑著看媽媽，因為每次比賽打得很激烈時，她就忍受不了，可能會假裝去洗手間，或是假裝累了想休息，但我知道她是無法忍受那種焦慮和緊張。

甚至有幾次比賽打得非常激烈，我站在罰球線上，清楚地看到她試圖穿過人群，說著：「對不起，對不起，借過一下。」逃離了體育館，其他球員的媽媽或同學們會跑到洗手間幫她更新戰況，例如：「克里斯剛剛投進一個三分球！」「比賽結束！我們贏了！可以出來了！」她才鬆了一口氣，走出洗手間，悄悄地回到原來的座位，假裝沒有離開一樣。

我喜歡爸媽愛我的方式，他們一遍又一遍地展示對我的愛，到了今天依然如此。為了我們的籃球生涯，爸爸花光了四〇一Ｋ*的退休金積蓄。很明顯，我們那時年紀還太小，不知道這是多麼勇敢的決定，但現在明白了，我非常感激，因為很多人從來沒有擁有一個如此相信他們的人，我為爸媽所做出的巨大犧牲沒有白費而感到自豪。我可以很自豪地告訴爸爸，他可以走進公司，告訴老闆他組裝線的工作生涯要結束了，可以退休了，因為我會像他照顧我一樣去照顧他。

我常自我反省，反覆思考自己所做的決定，表面上，我總是說盡力而為：每場比賽都全力以赴地在球場上發揮，努力提供家人的安全保障。人們會質疑是什麼讓我堅持下去？尤其已經三十八歲了，理論上這個年齡應該會想停下來休息，但我知道還有很多事情要完成，還有很多東西要奉獻。

我很感恩自己還有能力在籃球最高殿堂上打球，對這項運動的熱愛每天都驅使我前進，不斷努力平衡家庭和籃球的關係，希望盡可能參與孩子們的生活，這是每一個職場爸媽都在努力的事，無論什麼職業，工作和生活的完美平衡不太可能，但你必須努力地造就兩邊最好的自己。

爺爺總是說：「時間是唯一買不到的東西，但你必須每一天都善加利用。」

我經常問自己有沒有正確地利用擁有的時間？我想起了爺爺，以及他如何使用時間，兌現生意上、家庭上、社區上的承諾；我也想起了爸爸，他總是在盡力工作的同時，花時間和CJ與我相處。

＊美國於一九八一年創立延後課稅的退休金帳戶計畫。

爸爸星期一到星期五要上班，星期六還常常需要加班，但他依舊抽出時間，在各種聯賽中擔任教練，包括足球、籃球，以及我們玩的所有運動，別忘了他嚴格且恐怖的訓練菜單，我們不變厲害都不行。

唯一一次爸爸沒有擔任教練，是我國中二年級的時候。那時是媽媽在YMCA指導球隊，雖然她平常很溫柔，但也可以變得很火爆。賽季第一場比賽就吃了技術犯規，之後她才學會怎麼保持冷靜，想一想，也許這也是為什麼我有時會爆氣的原因，那時我們被叫做「無極限戰士」，最後在老媽教練的帶領下，我們贏得了冠軍。

從學生聯盟到大學賽事，我參加的每一支球隊，至少都有父母其中一人擔任教練，真的非常幸運，我感謝他們，從板凳席的指導教練，一路成為觀眾席上最支持我的球迷。

9 那場比賽

二〇〇二年十一月二十日，
北卡羅來納州的溫斯頓－撒冷，
帕克蘭高中對上西福賽斯高中。

這時的我心裡想，從來沒看過這麼多人觀看帕克蘭高中的比賽。我的意思是，他們是一支不錯的球隊，但不是那種可以吸引滿場觀眾的學校。

當地球迷關心的焦點已經改變了，他們都在看我這個即將進入大學的籃球員，如何在這場比賽中做出反應；我當然也知道，很多人過去一整個星期都在關注我們家，想要看看今晚的比賽會有什麼好戲出現。

這樣想或許有點負面，但他們的確想看我如何應對這個極度艱難的狀況，現場的氣氛沸騰。可是老實說，我內心異常平靜，大部分家人都坐在觀眾席，看到他們在場，讓我的心情可以得到安慰及穩定。

「加油，兄弟，堅強起來！」隊友和我說。我點點頭表示收到，沒有說太多話是因為不想引起特別的關注。

真正了解我的人，知道我只想要贏球，勝利總是排在第一順位，所以我不會刻意表演些什麼。隆達阿姨說過要為爺爺而戰，我希望在場上所做的任何決定，無論是否特別，都是自然而然地發生——我絕對不會為了私心或個人目標，打出不合理的比賽內容。老實說，我也不知道其他打球的方式，目的只有一個，就是試著幫助球隊贏球。

「你感覺怎麼樣？」DG問我，「我很好。」我說，「需要什麼就告訴我。」他接著說。

DG真心懂我，他知道爺爺和我的感情很好。他整場比賽都試著和我溝通，不是為了探究什麼，而是真心給予支持。有時甚至不需要說什麼，暫停時他會搭著我的肩膀，或是拉我一把，他挺我，一直陪在我身邊，就算一個字都不說。

每次遇到壞事發生，我往往會變得極度沉默，對我來說，這種沉默可以好好整理思緒，想想接下來該怎麼做。

當我們看到別人痛苦時，第一個本能反應是用同情的態度和他們說話，但我很早就了解到，這不是隨便說幾句話就好，而是真心地詢問，解讀狀況來確定如何幫上忙。如果他們提出需求，那就去做，如果他們說：「不用了。」那就讓他們獨處，我當時就是後者，處在一種「讓我一個人靜一靜」的階段。

休息室裡，我靜靜地坐著放空，拉頓教練做著身為教練應該做的事，來回走動討論戰術，以及提醒下半場要注意的地方。我試著去聽，但你可以想像，當下根本無法專注，腦袋裡都是混亂的思緒，還要努力釐清正在發生的狀況，以及我該如何完成這場比賽。

我知道有中場休息時間，卻不記得發生了什麼事，可以確定的是球隊領先，隊友們應該很興奮，但當時我完全陷在自己的思緒裡，無法控制地胡思亂想，然後保持沉默。

印象中，我最清楚的就是想到了爺爺，以及如果他在現場的話，肯定會對我發脾氣，站在旁邊碎念著：「你為什麼這麼慢才發揮正常水準，克里斯？你早就可以這樣打了！現在開始，好好表現！」

想到爺爺在場，讓我微微一笑；知道他不在那裡，心裡又變得沉重，但我不能一直被情緒淹沒。我要撐過這場比賽，並且取得勝利。

「克里斯，準備好了？」拉頓教練喊道，我眼神茫然地盯著置物櫃。「是的，教練，我馬上來。」我猛然回過神，朝著球場方向走去。

10

別辜負自己

人生的ABC如下：

A是學業（Academics）；B是籃球（Basketball）；C代表品格（Character）。

——史基普·普羅瑟教練（Skip Prosser）

影響我人生最巨大的有三個人：爺爺、爸爸、大學教練史基普·普羅瑟。

第一次見到普羅瑟教練是在奧蘭多的一場比賽，那時就知道他是一個特別的人。當時我還是高中生，想要給那些球探和大學教練留下深刻的印象。如我所願，全國各地的學校都寄信邀請，並且前來觀看比賽，積極地招募我加入。

在北卡羅來納州長大，我是個超級死忠的焦油腳迷*，雖然很多大學都很關注我，但我的心一直屬於那裡，麥可・喬丹讓每個來自北卡羅來納州的孩子，甚至是每個打籃球的年輕人，都夢想著穿上北卡羅來納那件藍色球衣，在球場上揮灑汗水。

我是最狂熱的死忠粉絲，可以一一點名北卡的明星球員：丹特・卡拉布里亞（Dante Calabria）、唐納・菲爾普斯（Donald Phelps）、德瑞克・菲爾普斯（Derrick Phelps）、唐納・威廉斯（Donald Williams）、艾德・科塔（Ed Cota）等，還有山姆・帕金斯（Sam Perkins）、詹姆斯・沃錫（James Worthy），以及史上最好的籃球員麥可・喬丹。

另外，小時候我參加過卡羅來納籃球訓練營，除了瘋狂地訓練之外，最令人興奮的是我抓到機會和傳奇教練迪恩・史密斯（Dean Smith）拍照。

我願意付出一切代價進入北卡，告訴你們一個小故事：

我有一個表姊叫做香卓雅（Shandra），她和妹妹雪莉（Sherri）常到我們家當保姆。重點是，香卓雅曾和北卡球員、前ＮＢＡ明星球員傑瑞・史塔克豪斯（Jerry Stackhouse）約會，我有一次和ＣＪ被送到她家，那天的記憶特別清楚，就像昨天才發生一樣。

我們在廚房的餐桌上專心地吃著碗裡的麥片，傑瑞．史塔克豪斯走了進來，想像一下就知道，真正親眼看到巨星的感受。我們兩個嚇壞了，但必須努力保持鎮定，不能表現得像花痴球迷，但還是忍不住內心的激動。他問了我們打球的情況，在哪間學校，為誰效力，甚至帶我們到後院打了一下球。幾年後，史塔克豪斯被費城七六人選中，他送我們整支球隊一批斐樂球鞋（Fila），這讓我更愛北卡了。

我夢裡都想著要去北卡打球，但遇到普羅瑟教練後，他的眼界改變了一切。第一次注意到普羅瑟教練是高中三年級的夏天，那時我在佛羅里達參加ＡＡＵ全國錦標賽，當時比賽的制度和現在一樣，只是現在可以在網路上看到更多精華片段，還有現場直播。

這樣的比賽中，你會看到來自全國各地的籃球教練，一些來自傳統名校的頂尖教練，他們來觀看比賽、觀察球員，普羅瑟教練就是其中之一。ＮＣＡＡ規定球員

＊焦油腳跟（Tar Heel），北卡羅來納大學籃球隊的暱稱，有時可以泛指該州的所有人民。

只能在固定時段和教練們交談，所以我們之間沒有正式介紹，但我知道他是誰。於是我走到他身邊，打了一下招呼：「嗨！教練，你好嗎？」如此而已。

喬治・愛德華・普羅瑟（George Edward Prosser，簡稱P教練）在匹茲堡郊區長大，他在美國海軍陸戰隊學院打籃球，主修海洋科學，P教練喜愛傳記、歷史和哲學，他最喜歡的一句話來自散文家兼哲學家拉爾夫・沃爾多・愛默生（Ralph Waldo Emerson）——「我們最需要的是一個可以激勵我們，去成為自己心中想成為的那個人。」這正是他執教生涯中一直在做的事情。

P教練生涯的轉捩點是被聘請到澤維爾大學擔任助理教練，與球隊總教練皮特・吉倫（Pete Gillen）一起工作。他在那裡待了幾年後，巴爾的摩洛約拉大學提供總教練的位子給他，但P教練只在巴爾的摩待了一年，因為吉倫離開了澤維爾大學，這才是最適合他的職位，所以他接下了這份工作，成為該校史上勝場數第二多的總教練，最後才轉到維克森林大學。

隨著就讀大學的時間慢慢接近，我開始在籃球比賽中看到P教練，每當他特地來看我比賽時，那種感覺真的非常興奮。年輕球員會特別注意比賽時場邊出現的教練，知道有更高層級的人對自己比賽感興趣，這種感覺真的很棒；球場邊總會有球探、助理教練和其他球隊工作人員，但如果總教練親自出馬，你就知道事情變得更加重要了。

一開始我喜歡普羅瑟教練的原因是他不高調，每次進球場，不會像其他教練一樣坐在最前排，而是單獨坐在邊邊的位置，悠閒地拿著小筆記本寫著，他也不會花很多時間，會簡單有效率地觀察要看的球員，然後默默地離開。

他只關心執教工作，就算那時我在高中比賽，已經在他的雷達範圍當中，普羅瑟教練依然保持冷靜和低調，我明明剛上演一場精彩好球，但他似乎不為所動。

比賽結束後，P教練會把我拉到一旁提醒，像是：「你什麼時候才會開始認真防守？」他沒有笑著說，因為這不是開玩笑，教練會非常認真地再說一次：「好好防守，克里斯。」現在想起來感覺更特別，因為他打從一開始就督促我去超越其他高中籃球員了。

大學籃球比賽中，防守變得更重要，教練想讓我準備好，他影響了我，即便現在打到NBA，我對防守上面的要求甚至更加堅定，因為防守可以反應你的工作態度。如果你比對手努力，你會成功，我就是這樣告訴隊友們，包括家人和孩子，還有那些想成為偉大球員、進入最高殿堂的年輕人們，這點我要衷心感謝教練。

P教練在幫助我準備，以銜接大學籃球的強度，但當時我和那些目中無人的高中生們一樣，都是那種態度：「你教不了我東西的！我根本不想聽你說！」很有可能是因為我已經是籃球場上敵隊的麻煩人物。

普羅瑟教練看我打的第一場球是在AAU全國錦標賽，對手是球星雲集的伊利諾勇士十七歲以下代表隊，他們陣中有安德烈．伊古達拉（Andre Iguodala）、夏農．布朗（Shannon Brown）和丹尼爾．布朗（Daniel Brown），當時這三個人都是全國最頂級的球員，而我們球隊都是十六歲以下，整整差他們一歲，以高中的年齡和水準來說，一年就相差非常多。

有那麼多天賦滿滿的球員在場上，那場比賽自然成為所有在場教練的焦點，他們都想招攬勇士隊陣中即將畢業的明星球員。因為勇士隊，所以順便看看我們這支來自北卡羅來納州的年輕球隊——卡帕魔術隊。

沒想到勇士本來應該主宰全場，但我們全隊展現出的拚戰精神讓所有人感到驚訝。我非常享受這種感覺，雖然他們年紀比我們大，不過我們以位居劣勢的低年級生，打出了一場好球賽，最終我們惜敗，輸了五分。回想起那場比賽，至今還是有點不太爽，但我全力砍下三十六分，開始獲得全國性關注。

一封又一封的信件開始向我飛來，變成每天都會發生的事，拉頓教練同時是我的歷史老師，歷史課通常都排在最後一堂，因此每天我走進教室，就有一大片來自不同大學的邀請信等著我。

班上每個同學都會說：「哇塞！克里斯，你看看今天有多少封信寄來了？克里斯，今天到底有幾封信啊?!」很多學校都寫信給我，甚至有些是我聽都沒聽過的名字。

我夠聰明，有些信一看就知道沒有誠意，套用了通俗模板：「親愛的克里斯，我們很高興……。」我就把這種類似的信交給其他人處理；意外的是，唯一一個沒寄信給我的學校是北卡羅來納大學，我不知道該做什麼，幾乎全國各地的學校都知道我，並且發出邀請信，唯獨北卡沒有，這點讓我非常難過，自己州內的那所大學，竟然捨不得花郵資將表示興趣的邀請信寄出？從那一刻開始，我的心態改變了，有一部分是不想在意北卡，但有更大一部分是想要那封邀請信。

我特別記得康乃狄克大學也寄信過來，那所學校離家非常遠，所以我拆信的時候在想他們怎麼會知道我呢？後來發現，來自康乃狄克大學的吉姆・卡霍（Jim Calhoun）教練也看了那場和伊利諾勇士的比賽；另外像是密西根州立大學的湯姆・伊佐（Tom Izzo）也非常努力地招募我，他們的感覺有點類似：「我們看過你獨得三十六分的那場比賽，我們想要你，希望你來這裡看看。」

太多學校對我展現出高度興趣，有點令人不知所措。首先我必須過濾，把那些缺乏努力、透用詞句的邀請信件排除掉，這難度不高，過程中也會發現很多有創意、企圖引人注意的內容。

田納西大學總教練巴茲・彼得森（Buzz Peterson）的信中沒有寫什麼內容，反而放了一張他和麥可・喬丹的合照，然後喬丹的嘴巴旁邊畫了一個小小的對話氣泡，上面寫：「欸，巴茲！你必須把那個孩子找過來，克里斯・保羅！」這些信件的目的就是要讓人難忘，這封確實發揮了作用。

說了這麼多關於信件的事，我是想表達一點，維克森林大學的邀請信是獨一無二的。

信封是折起來的，外面寫著「維克森林大學籃球隊」，打開時，光滑的紙張上沒有任何線條，是純白色的，裡面手寫的句子非常整齊，你會以為是不是其實有底線，只是看不見，後來我才發現，他們是用一把尺，慢慢仔細地用最整齊的筆畫，一行一行地寫給你，這種對於細節的關注有點難以想像，但也因為字裡行間的工藝美感，讓收信者感到特別，好像我是一個非常重要的人物，這間學校會用這種禮遇的方式邀請我加入他們團隊。

當然，我很感謝那些努力招募的助理教練，包括道格·沃吉克（Doug Wojcik），當時是卡羅來納大學的助理教練；克里斯·柯林斯（Chris Collins），當時是杜克大學的助理教練。但我更欣賞普羅瑟教練，他親自表達對我擁有濃厚興趣，這種感覺還是有所不同，有點像參加面試時，你不是和好幾個長官見面，而是直接和執行長、負責決策的那個人正面交談。

體育和商業領域裡，如果你可以和決策者，以及他或她的團隊直接進行交流，就表示對方非常重視，這就是為什麼我目前還是和很多商業合作夥伴常聯繫，有些事情就應該直接溝通。

P教練嘗試招募我加入維克森林大學魔鬼執事（Demon Deacon）籃球隊的同時，我收到來自北卡羅來納州立大學的消息，這所學校可能比維克森林大學容易適應。

首先，維克森林大學是私立的，校園被美麗的樹木環繞，就算校區變到我家後院，感覺起來還是有點神祕。你不太可能隨意在維克森林大學的校園裡散步，大門口的警衛一定會攔住你，而且維克森林的學生很少，只有約四千人，校園裡的黑人學生幾乎都是運動選手，這些都是選擇前必須考慮的事情，當然包括籃球。

北卡州大告訴我，如果去那裡打球，他們會在第一天就把球權交給我主控，完全不需要擔心先發位置，去其他學校的話，就不一定可以保證先發了。

我喜歡這個安排，可以掌控和改變球隊的比賽節奏；我喜歡跑起來，把場上的速度打出來，他們球隊擁有類似普林斯頓風格的進攻。

同時，我開始看一些維克森林大學的比賽，認識了一些球員，像是賈斯汀．格雷（Justin Gray）和與我同鄉的賈許．霍華德（Josh Howard）。我和格雷年齡相仿，關係非常好，而且打同一個位置，看到他在維克森林校隊大放異彩令人開心。

值得一提的是，魔鬼執事的球迷們幾乎讓我在正式參訪前就想加入球隊了，因為我看到比賽中體育館的熱情，聽到的歡呼聲是以前從來沒聽過的，第一次接觸到就喜歡上了。維克森林大學讓我有家一樣的感覺。

如果球員想去，通常可以去有意向的學校進行最多四次的正式訪問，但我只需要一次。所謂正式訪問是學校可以邀請你去參觀校園，會先招待你（有點像在《單挑》電影中那樣，哈哈）在一家高級餐廳享用美味的佳餚，向你介紹他們能提供的一切，目的就是希望你選擇他們。

維克森林大學邀請的正式訪問，計畫從星期五到星期日。於是我們週末就住在溫斯頓－撒冷市中心的萬豪飯店，在NBA的職業生涯中，我住過許多不一樣的豪華酒店，但那家萬豪讓我印象非常深刻。當時它感覺像一座皇宮，我從來沒有看過這麼大、這麼華麗的房子，心裡覺得這應該是國王和皇后才能入住的地方。

進入飯店大廳，穿過好像沒有止境的大長廊，普羅瑟教練和一些助手們熱烈地迎接我，大家臉上都帶著笑容，走進我的套房，裡面用許多維克森林大學的裝備來裝飾，還有一個很漂亮的蛋糕，上面寫著「CP3」，那是我從來沒見過的東西。

用餐時間，他們帶我去一家溫斯頓－撒冷最豪華的餐廳，叫做「塔芬部落」（Village Tavern），我們家根本沒聽過這間店，女服務員已經做好準備，她知道我的名字，並詳細介紹一份菜單，上面有各種以「CP3」為主題的食物，像是「CP3煎餃」，還有其他和籃球相關的菜餚。

我覺得好像在夢境裡，無法相信眼前的一切，他們都是為了我才做這些準備。那一刻，我才意識到自己即將要到一所頂尖大學打球了，而且不是我向他們請求這個機會，正好相反，是他們鋪出紅地毯來歡迎我，說服這位來自溫斯頓－撒冷、年輕有潛力的克里斯·保羅去維克森林打球，這對我來說意義非凡，至今依舊如此。

參訪的下一個環節是在校園，一群球員帶我到男子休息室，其中一個置物櫃上面有一張我的大照片，上面還有一個寫著「三號保羅」的牌子。

然後我們走進體育館，參觀了維克森林的主場，我曾經在這個球場打過幾場高中比賽，原本沒有開燈，一片漆黑，突然聽到有人按下開關的聲音，我看到一件懸掛在球場上方的球衣亮了起來，又是「三號保羅」。

我立刻想像著自己穿著那件球衣在球場上奔跑，家人們都在觀眾席看我打大學的籃球比賽，這個想法讓我起雞皮疙瘩，他們真的盡一切努力，讓我感覺自己像一個超級巨星一樣。

星期日，我們到普羅瑟教練家裡，度過最後一天的造訪行程，這是我真正開始感受和了解教練的時刻，他是一個真誠的人，可以從他身上學到很多東西。原本我以為他會老生常談地說一大堆，拿出一些舊照片，或者開始講述他的人生故事，但是沒有，我們實際地進行了高度的互動對話。

他問了一些問題，也解釋維克森林大學將如何幫助我提升比賽的內容。聊完之後，普羅瑟教練做了一件讓我十分佩服的事，他直接了當地問：「好，克里斯，準備好加入了嗎？」這就是P教練，他不會浪費任何多餘的時間。

當下我有點吃驚，但現在想起來，我很尊重他這樣做，而我給的反應是有點猶豫：「哇，教練，可不可以讓我考慮一下？」

後來我發現這是招募的一部分，如果學校真的想要你，他們會希望你馬上承諾加盟；如果這是第一次正式參訪，他們更會這樣做，因為能夠先達成口頭承諾，學校就可以用個人的榮譽感和誠信來綁住你，不怕被其他學校搶走，這種承諾是教練希望停留在球員腦海中的最後一件事。

就日期來看，維克森林大學的參訪是五月三日到五日，隔天，五月六日剛好是我十七歲生日的那一天，一通來自北卡羅來納大學，那個令人嚮往的學校終於打電話來了！他們現在想要我了，我終於得到那個一直想要的獎學金邀請！

但他們不知道的是，已經太晚了，那時的我已經完全愛上維克森林大學。想想真的很瘋狂，我是有機會去那個從小就熱愛的焦油腳隊打籃球的。

招募過程中，我知道雷蒙德．費爾頓（Raymond Felton）會去北卡大學，出身於南卡羅來納州的他比我大一歲，是個非常友好的人，和我打同一個位置。命運真的很奇妙，之後我們竟然在快艇隊成為隊友——我職業生涯中最喜歡的隊友之一。

北卡總教練馬特．杜爾堤（Matt Doherty）說，我可以在費爾頓投身ＮＢＡ之後再加入，或許學校還願意提供獎學金。我那時不感興趣，甚至覺得杜爾堤當時對我的興趣也沒有很高。

一年之後，又到我生日那天，杜爾堤正式提供一份獎學金給我，我得到小時候夢寐以求的——北卡羅來納大學提供的獎學金。我內心感到開心，知道自己被北卡大學肯定，算是實現過去的夢想，而收到北卡羅來納大學的邀請報價之後，我就決定正式到維克森林大學報到。

簽下維克森林大學的入學意向書是我一生中做出最好的決定之一。我之所以決定去那裡，完全是因為普羅瑟教練。

我承諾去維克森林大學打球，就必須去觀看他們球隊的練習，看看教練如何努力，以及怎麼和球員互動。我很喜歡他要求學生們對自己負責，他一直強調的訓練態度，重點是不管這個球員有多厲害、有多受歡迎，他不允許任何人偷懶，他總是說：「不要辜負自己是魔鬼執事的身分！」

普羅瑟教練全心全意地投入執教，就像爸爸和爺爺一樣，球隊季前的那些鍛鍊非常艱苦。老實說，我提早進入NBA的原因之一，就是為了逃離那瘋狂的訓練。

他要求我們早上六點集合，在嚴寒的天氣下用六分半鐘跑完一千六百公尺，普羅瑟教練不會派助理教練監督，他會自己在那裡完成任務，用顫抖的手拿著一杯熱巧克力，親自訓練我們。

成為這個團隊的一分子，我非常開心，普羅瑟教練替維克森林大學建立了一支團結的球隊，而我從爺爺那裡學到，堅持自己價值觀和實現目標有多重要。回想起來，就算當時才剛升上大學，我也非常享受那種奮鬥的感覺，再一次感謝奇力爺爺。

11

群體

因為血緣有了關係，因為忠誠才成為家人。

——無名氏

總是因為一些小事情讓我明白，我們家人是多麼特別和親密。

每天早上，我媽、隆達阿姨，還有爺爺都在講電話，上學之前，我和哥哥會在房間裡打鬧或在外面玩耍，我會聽到媽媽用那支白色無線電話聊事情，她一邊幫我們準備早餐，一邊聊一些這個和那個的事，誰在做什麼，或者她晚上要去看什麼籃球或足球的比賽。

我和爸媽、哥哥的關係很好，但絕對不會每天早上開個電話會議，只是閒話家常。

爺爺遲早要去加油站，我們不能夠太晚到，ＣＪ和我就會跳進媽媽的車裡，開個二十分鐘，穿過小鎮去店裡找他。媽媽一直拿著那個電話，一路上靠著耳朵去了解一切事情，他們三個人一直笑，聊個不停。

「幫我向爺爺和隆達阿姨說哈囉！」我們從媽媽手中接過食物時，哥哥和我會這樣說。

我能想像爺爺在電話另一頭，一邊調整眼鏡抽著菸，一邊和寶貝女兒們說話。他每天早上都負責叫醒我們家，有時在家裡，有時在車子裡，用著那個書包大小的車用手機。對，這個畫面很難想像，尤其對我的孩子們來說，但那時沒有智慧型手機，只能用超級龐大而笨重的行動大哥大，汽車點菸器是電力來源，要用大袋子才能放進去。更糟糕的是，這種大哥大只有一種顏色，就是棕色，根本沒得選，這不是一般人可以擁有的，爺爺超酷，他是少數擁有的人之一。

爺爺始終把家庭放在第一順位，不用嘴巴說，都是以實際行動去表明我們很重要。我很自豪是他的家人，可以直接感受到爺爺「不會說，他會做」，而且是做給你看，他最擅長展現高度行動力，不只在工作上，還教導家族的人如何工作。

沒有家庭和朋友，我們就一無所有。

這不是交易或互惠關係，而是關於你能為這些關係付出什麼，讓周遭的人可以因為你變得比之前更好？爺爺用充滿感染力的行動影響整個社區，我很高興被他感染到了。你可以用說的告訴別人某件事物，也可以用行動向他們展示，兩者都很重要，我知道爺爺也這麼想。他以身作則領導和教育我們，這是我到現在依舊試著去學習的事。

說到這裡已經很明顯了，要了解我，就是要了解我的家庭。

如果你看過電影《靈魂料理》（Soul Food），就知道我在說什麼——每個家都不是完美的，但充滿了愛和喜悅。

故事敘述一位叫做喬的堅強媽媽，她是家庭的核心和靈魂。每次遇到困難時，家人總是可以靠母親做的一頓豐盛食物獲得面對問題的勇氣，這些食物包括青菜、起司義大利麵、炸魚、炸雞、炸秋葵、馬鈴薯和各種蛋糕；事發突然，喬的身體不適住院，陷入昏迷而離開了大家。孩子和孫子們頓時失去依靠，不過最終他們找到辦法繼續前進，因為喬在家人們的心中，培育了正確的種子。

這就是我們家。

過去幾年，我經常談論吃素的優點，這和我們過往的飲食方式相比，的確有點難以接受，但電影中「靈魂」這個詞很重要，即便我吃的東西改變了，我的靈魂也沒有改變。

這部電影成功展示家庭之間的緊密聯繫有多重要，第一次看的時候，好像在螢幕上看到我的家人一樣。最近孩子們和我一起看了一次，他們也有相同感受，而且非常喜歡這部片，珍妲和我都很高興，可以和他們一起觀看。

ＮＢＡ職業生涯的早期，我每年夏天都會回家，一家人每個星期四都有像《靈魂料理》中那樣大型的家庭晚餐，這是在整個漫長賽季結束之後，我最喜歡和家人共度時光的方式。

家庭聚會上，每個人都把東西吃光光，起司義大利麵、鮭魚料理、花豆、金槍魚、馬鈴薯沙拉，以及其他食物——整個家庭的人都在談天說地，一起度過美好時光，我們都把家庭聚餐放在優先順位，多年來都是如此。

實際上，我的家庭成員沒有完全和我一樣吃素，但大家都很重視整體健康，這讓我感到開心。我的孩子們現在吃海苔的數量，遠比過去狂嗑的炸雞多上許多。

電影另一個強調的主題是教會和社區的重要性，你的家庭是從教堂那座建築物建立起來的，生活中的一切都是靠著教會連接起來，如果不是夢之地，我就不會在這裡，這是真的。我的整個家庭和社交生活都圍繞著教會和社區，我的朋友、家人的朋友，以及朋友的朋友，全部來自教會、學校和運動比賽。

關於黑人教會的文化，這是鮮少被談論的話題。但爺爺依舊教導我們永遠不要害怕認識自己，以及心中所相信的，這轉換到我對籃球的看法上面。

至今，我還是保有這個價值觀，生活碰到困難時，以這個價值觀勇敢面對。當我被交易到奧克拉荷馬雷霆時，所有ＮＢＡ媒體都認為我差不多要退休了，但我沉靜下來，專注於眼前的工作。

每當回想起那些教會的課程，我堅持相信家庭和信仰的重要性，我完美嗎？當然不是，離這兩個字還很遠呢！我深深體會到塑造你的人有多重要，以及該如何回饋給那些教導你的人。

奇力爺爺花了大量時間、精力和金錢在教會，得到的回報就是他的加油站生意從來沒有缺乏支持者，人們永遠用行動支持他，這是雙向、互相的，每個人都必須付出和接受，才能真正發揮出團體的價值。

12

社會責任

一個人可以走得很快，一群人可以走得很遠。

——非洲諺語

這是堅定我信念最重要的一句話，很幸運的，當年爺爺灌輸我這樣的觀念。那時我年紀還很小，可能沒有意識到心裡正默默吸收，如今依舊被這個觀念深深影響。

奇力爺爺加油站的生意賺了不少錢，這是大家都知道的事實，不過他的成功之所以令人印象深刻，不是因為留下的財富多寡，而是他選擇對待人們的方式。

有時老年人會看不起年輕人，好像自己從來不會犯錯，總是可以掌控一切，這點讓我感到憤怒。同樣可惡的是年輕人不願意聽前輩的經驗分享，只有爺爺不分男女老幼，對所有人一視同仁。

如果你犯錯或被別人誤會，爺爺不會武斷地批判或放棄。事實上，他還會拉你一把，為你祈禱，並且用盡全力幫助你，因為他內心知道，這樣可以使整個社區更加堅強茁壯，所以爺爺總是不斷地幫助其他人，不只家人，還有加油站周圍的人、曾坐過牢的人，以及任何正在想辦法自力更生的人。

我想到了喬治．德翰（George Durham）的故事。

喬治是溫斯頓當地一個很酷的年輕人，只是遭遇一些比較棘手的問題。他十幾歲時，在外面的名聲已經非常糟糕，大家都覺得他不聽別人勸，很愛惹事生非，是非常難相處的人。

這些都是事實沒有錯，但了解喬治的人都知道，其實他有一顆善良的心，之前犯的那些錯誤，一部分是無心的，也有一部分是沒有人受害的。他會如此不受控制，源於之前那些無法克服的深層創傷，我們知道他碰到許多艱難挑戰，學校老師應該提供更多關注才能幫助喬治。

令人難過的是，在學校的那些日子裡，任何脫序行為都沒被視為品德問題，像喬治這樣的學生，很容易被認定是「壞孩子」或「沒救的放牛班」，你怎麼稱呼他們其實無所謂，因為我們的教育系統會讓這種學生自生自滅。

喬治前後因觸犯法律而被告了幾次，消息傳到爺爺那裡時，我們一點也不意外。根據經驗法則，無論發生什麼事，消息總會傳到他耳裡！他用自己的方式伸出援手，讓喬治開始在加油站工作，在爺爺的看管下，所謂的「壞孩子」不會被放棄，他們需要的是一個地方和一項技能，爺爺最擅長提供這兩件事情。

很多人認為爺爺這樣做有點超出能力範圍，因為這個人連油箱蓋和輪胎罩都分不清，但爺爺總是看見其他人看不見的，專注在如何去發掘每個人的優點，以及在能力範圍內盡可能幫助他人，把想看到的改變實現，這一切對他來說毫不費力。

喬治的問題有很多原因：除了正規教育的權利被剝奪之外，他還生活在缺乏資源的社區中，而且沒有父親陪伴。爺爺知道喬治的背景之後，便把他當成自己兒子一樣對待；如果爺爺把你當成家人，那你就是我們的家人。喬治一答應為爺爺工作的當下，我爸爸就介入幫忙，解決每天上下班的交通問題。

爺爺送了一套藍色制服給喬治，並且教他有關汽車和加油站的一切規矩，慢慢的，喬治變成一位專家，從更換機油和煞車盤，到更換空氣過濾器，最終還可以開拖吊車去進行道路救援。

在爺爺的指導下，喬治從幾乎要被社會遺棄的人，變成擁有豐富技能的勤奮員工。一家人親眼目睹這個轉變，看著爺爺把喬治塑造成真正可以貢獻社會的人。

最美好的一點在於爺爺不是用做公益的心態，而是因為這樣做是正確的。這種對社會的責任感一直影響著我，也影響了我們一直努力催生的家族機構——克里斯．保羅家族基金會。

這個機構是以爺爺為出發點，考量到他為喬治所做的事情，以及他為信徒提供空間的方式，爺爺是一位無名英雄，他在人們找不到工作時給予就業機會，一旦這些人站穩腳跟，就可以回報社會，關鍵人物就是奇力爺爺，是他賦予人們力量，給予這些人終身受用的生活技能，這就是建立和維持社區的方法。

這些寶貴的經驗，我們已經將其融入到籃球計畫「CP3之隊」的結構中，從我們家庭出發，配合偉大的教練和我們的社區團隊，一起建立了這一切。

我們用爺爺給予社區、關心人們的精神來做事，將他傳授修車技巧的想法，轉化到籃球上面，有點像是爺爺不只教你如何修車，還會在過程中，傳授人生哲學。我覺得最棒的地方是道理可以轉換到其他領域，指導就是指導，你可以教人修車，也可以用同樣道理教人打籃球，這點讓我們非常驕傲。

13

那場比賽

二〇〇二年十一月二十日，
北卡羅來納州的溫斯頓－撒冷，
帕克蘭高中對上西福賽斯高中。

下半場比賽開始，我們球隊領先分數到達雙位數，但拉頓教練依舊按照賽前設定把我留在場上，他總是信守承諾。

據說板凳席和觀眾席上都在談論我是不是可以打破ＭＪ的得分紀錄。ＤＧ肯定把我想向爺爺致敬的計畫告訴大家了，拉頓教練也注意到這一點，全隊上下都加入，一起幫忙達成我的目標。

我不斷轉頭看向擔任助理教練的老爸，可以感受得到他的心情和我一樣激動。拉頓教練知道當下比賽中正在發生的事，就問我爸爸：「他還需要多少？」「什麼還需要多少?!換他下來啊！」看起來我爸根本不知道自己在說什麼。

我沒有仔細聽這些場邊的對話內容，也不知道看臺上的觀眾在想些什麼，我只專注在應該做的事情上面。實際上，除了用爺爺希望的方式打球之外，我也不知道該做什麼。

那一刻，儘管所有人都在關注我，但那天晚上的主角不是我，也不是球隊、爸爸或教練——那一晚屬於爺爺。

觀眾們都在尖叫，「CP3！CP3！」但我聽不太到他們的聲音，爸爸一直向場上揮手，試圖吸引我的注意，但我無法集中注意力在他身上，因為當下我全神貫注，唯一能做的就是繼續進攻。先來一個中距離跳投，再來一個上籃，然後一個行進間拋投，一次又一次地拿下分數。

帕克蘭的防守大亂，很明顯地被我打敗了。這種大比分差領先的比賽，我之前從來沒有打過，因為通常這個時間點，我不會待在場上，球隊會想辦法維持領先優勢，然後讓其他隊友也有機會上場。

但那個晚上，我無法控制自己，心裡面只想著要為爺爺全力以赴，專注在籃球上面，是我最習慣的應對機制。

一般來說，在高中的比賽中，你不會繼續攻擊已大幅度落後的球隊，不過這個晚上是為了爺爺，對我的意義完全不同；一球接著一球地進，然後聽到一個哨聲，不記得是哪個隊友告訴我的，或是我怎麼知道自己得到多少分了，但哨音出現的那一刻，我知道了。

比賽剩下不到兩分鐘，我已經拿下五十九分。

14

曼巴精神

所有負面的壓力和挑戰，都是讓我崛起的機會。

——柯比・布萊恩（Kobe Bryant）

我幾乎要和柯比・布萊恩同一隊了，可惡！實際上，我們確實同一隊過，但只有幾個小時而已。

從那筆交易被否決到現在快要十年了，還是很難不去想像那個「如果」真的發生的話會有多瘋狂？會有多有趣？

但我不後悔自己職業生涯所走過的路，發生的一切都有原因。當然，我知道和柯比一起打球肯定是個難得且夢幻的經驗，因為我們兩人都對努力工作有種強烈的痴迷。

這是NBA史上很有名的故事，發生在二〇一〇年到二〇一一年的休賽季。當時洛杉磯湖人隊啟動一筆交易，希望從紐奧良黃蜂隊那裡得到我，而最終這筆交易被已故的前NBA總裁大衛·史騰（David Stern）否決了。這樣的情況從來沒有發生過，但因為當時聯盟託管黃蜂隊，這是史騰和聯盟做出的決定。湖人隊當時在財務上處理得很好，不但能順理成章完成交易，還可以避開聯盟規定的豪華稅。

我本來有機會和史上最好的籃球員之一組成後場搭檔，真的無法想像我們配合可以走多遠，可以有多強大，但我知道這不太可能發生，因為順利從來不是屬於我故事的一部分。唯一的安慰是，二〇〇九年的明星賽週，我們曾有過一次合作體驗。當時我們幫助西區明星隊擊敗東區明星隊，不過想到和柯比一起打球的機會被否決，還是令人沮喪。

那筆交易沒有成功，我轉而前往洛杉磯的另外一支球隊快艇，也令人非常興奮和期待，我在那裡和快艇隊友們共度偉大而傳奇的六年光陰，包括布雷克·葛瑞芬、德安德烈・喬丹（DeAndre Jordan）、J・J・瑞迪克（J. J. Redick）、賈邁爾・克勞佛（Jamal Crawford），還有麥特・巴恩斯（Matt Barnes），因為我們，這裡被稱為「空拋之城」，而且不需要降低籃框高度，不用客氣，老爸。

柯比和我認識很多年，二〇〇八年北京奧運上有一些很珍貴的回憶，因為我們都是習慣早起的人，看誰先到體育館，總是非常有趣。就算到了奧運，我還是想要訓練，當大家睡覺時，我仍然以早起開始新的一天，這點我很自豪。

有一天早上，大約是凌晨五點左右，我跑到體育館準備練球，結果竟然聽到裡面已經有人了。當時不太敢相信這個世界上有誰可以比我早到？我通常是第一個開燈的人，結果進入體育館，我看到是誰比其他人更努力練球了，當然是柯比，那時的他已練出一身汗水，我特別震驚，因為柯比大我很多歲，但他依然這麼認真。

大多數球員可能認為柯比那個年紀，加上已經取得的成就，根本不需要這樣做，大可在飯店多睡一點，等我們熱身後再來集合，他理應得到這樣的尊重，但這不是柯比的作風，他永遠保持企圖心。

柯比這樣的行動力，讓我想起在鳳凰城時，太陽隊教練威廉斯說的那句話：「重複練習，解決問題。」當年的美國國家隊是以柯比為領袖，我們也成功為美國帶回金牌，驕傲無比。

回到ＮＢＡ賽季，柯比和我又必須互相對抗。很幸運的，我可以親身感受「曼巴精神」從本人身上散發出來，看到他的一舉一動會讓你想要成為更好的球員，因為一想到他已經取得如此偉大成就，卻還在追求更高的境界，真的很令人驚訝。

我總是在想，如果交易通過，可能會發生的事情：有一個大家都沒有在比賽中看過的柯比就會出現。

很多人沒有發現，或者從來沒有注意到，其實柯比接球後出手投籃的能力非常強，如果我們是後場搭檔，我可以幫他吸引更多防守者的注意力，提供更多場上移動的空間，然後接到我傳的球在任何地方出手，相信我，沒有我的情況下，他已經這樣打了二十年，我一定可以稍微幫助他一點，那將會變得很瘋狂！但太可惡了，我們沒有機會了，曼巴精神永遠存在，柯比，我們想念你，我們愛你。

成為贏家必須付出誇張的努力，我一直試著告訴小克里斯這一點。有一天，我帶著他和他的朋友一起到球館訓練，大約是回溫斯頓－撒冷加油服務站之後的幾個星期，我們進行了一系列投籃訓練。

每次球沒進，小克里斯就很生氣，開始咒罵，我問他：「你幹嘛生氣？」他不回答，拿起籃球，試著再出手。

「你是覺得應該每一球都要進？」「那你練投籃練了多久的時間呢？」我問，他面無表情，我能感覺到他的沮喪，所以我放慢語速。

「我和你說，我不在乎你是不是想打籃球維生，但如果你喜歡籃球，想把這個變成生活中的一部分，還有很多方式可行，像是當球探、球團股東、ＮＢＡ管理高層、球員經紀、球隊教練——你有無限可能。」

對我來說，回到溫斯頓－撒冷的那趟旅行，是讓孩子們去感受目前生活外的現實面，以及告訴他們努力工作的重要性——我們去過奇力爺爺弄髒雙手的地方，ＣＪ和我小時候大部分時間手也很髒。妹妹卡琳現在也打球，如果他們可以看看塑造我的地方和環境，也許他們能有自己對於勤奮努力的見解，建立屬於自己的曼巴精神。

柯比曾說過：「努力成為那個最好的自己，就是曼巴精神的意義。這表示你每天都在努力變得更好，如果你的工作目標是成為最好的籃球員，你就必須努力訓練，盡一切可能不斷地練習。」

我很喜歡這句話，好的職業道德帶來好的工作表現——如果像柯比這樣的人，每天都要投一、兩千球，那他為什麼要把信任交到那個每天只投五十顆球，或者根本不去練習，還要抱怨的人身上呢？

柯比拚命訓練，結果就擺在眾人眼前，他不是故意要羞辱別人，而是場上的表現都源於他努力工作。我一直對所有參加我訓練營的球員們灌輸這個思維，這個社會總有人企圖爭奪你的位置，你會甘願坐在那裡，任人宰割取而代之嗎？一直到現在我依然保持這種警備心態，不允許自己不認真而被別人搶走工作。

像柯比這樣的贏家們都對勝利有非常敏銳的雷達——他們會要求你負責，他們會督促你成為最好的，當你覺得自己已經達到最好的時候，真正的贏家會再推動你走得更遠，我知道一直努力不懈地追求勝利有時不好玩，但這樣做真的可以改變你的人生。

我記得剛成為NBA球員時，聽到像柯比．布萊恩或其他我敬仰的球員，分享這些不可思議和鼓舞人心的訓練故事，反應和很多人不一樣，許多球員開始害怕而逃避，但我反而往這個方向追逐，我不想坐在那裡聽人家說還有另一個球員比我更努力訓練，我會不斷問自己是否可以再努力一些，不管在運動上、生意上，或是其他領域上，我必須像那些取得高成就的人一樣，擁有不同於常人的想法。

有人問我不同於常人的想法是什麼？答案其實很簡單：

「在某個時間點，你會發現自己愛上工作，像我就學著愛上練球，愛上重訓，花時間待在喜歡的健身房裡，你可以從任何一個領域的偉大人物身上看到這一點，成功就是要找出自己的弱點，然後努力克服，最後把這個想法變成習慣。」

奇力爺爺也是這樣。

我非常確定爺爺不是每天清晨醒來都可以開開心心地去應對所有問題，有些客人付錢，有些不付錢，有些客人感激，有些人不感激，他不會想那麼多，只是做著那些必須完成的事情，想辦法照顧到每個人。

我看著爺爺每天都在努力，那種工作態度深深影響了我，這是為什麼我可以很驕傲，自己是目前ＮＢＡ現役球員中年紀最大的其中之一。我沒有因為不努力工作而喪失優勢，被年輕人取代而失去位置。

偉大不是突然降臨的，不會突然間出現在你身上，我們每個人都有不同天賦和屬性，有些人天生高壯，身材有優勢，有些人身體素質強，有些人腦筋非常聰明，但如果這些上天賦予的能人們沒有努力工作，一切就沒有意義了。爺爺告訴了我們，努力認真的態度是可以教導的，他每天直接或間接地把這種態度傳給ＣＪ和我，無論碰到什麼事情，我們都想往山頂上爬，努力變得更好。

我從爺爺那裡學到三點：

面對不確定性、處理負面情緒、戰勝所有懷疑。

每次有人告訴我做不到某件事情時，我立刻會想著怎樣才能讓他們看到我做得到。爸媽老是說我從小就是好勝心瘋狂強烈的人，已經習慣在逆境中成長，人們愈不看好，我就表現得愈出色，那種被忽略和不尊重會給我力量去把比賽帶到一個新的高度。

我轉隊到奧克拉荷馬雷霆隊時，ＥＳＰＮ有一張圖表顯示，我們球隊晉級季後賽的機率只有百分之〇．〇二，我立刻用手機截圖起來。雖然不是第一次被忽略，但我就想記住這種被其他人忽略的感覺，結果呢？我們進入了季後賽！

同時，我也真心感激那些像自己一樣相信我的人，也想起在北卡大學不把我放在心上時，P教練招募我去維克森林的事，如果你真心想要，如果你真心在乎，這種心態可以套用在任何人身上，所有的努力付出，不管是更換煞車盤，還是球場上積極回防，勤奮總是會得到回報。

15

另一個家：CP3之隊

十五秒的時間，CJ和我一起奮戰的時光。

有時會回想青少年時期，曾經為卡帕魔術隊打球，那年球隊贏得全國十七歲以下的AAU冠軍，我這個小控球後衛還被選為大會的最有價值球員。

這個經歷是我籃球人生中非常重要的部分，我也明白只要有機會，就盡可能多讓年輕球員體驗AAU，才能學到東西，因為這種機會是特別的，AAU的經驗幫助了我，我也想幫助他們。

世界某個地方總是有人對學生籃球進行排名，雖然我知道無法避免，甚至可以增加這項運動的有趣程度，但這個年齡層不應該花心思在媒體炒作或網路上的精彩好球，球員們要專注在比賽的熱情，以及這個得來不易的舞臺。

我是在和爸爸、哥哥一對一單挑時，無意間愛上籃球，但對於今天的孩子們來說，情況可能沒辦法那麼單純，因為一旦他們的才華被發現，那些想要利用的人就會從四面八方竄出來，急著從當中獲取利益。ＡＡＵ籃球以前很純粹，現在則出現很多不同因素，不是每個人的想法都是單純的。

理想情況下，ＡＡＵ這個舞臺的宗旨應該是，讓那些勤奮努力的孩子們有機會在不同城市，讓世界上不同國家的人看見他們的才華；但另一方面，ＡＡＵ又是一門大生意，大家都知道只要和大量金錢扯上關係，挑戰就會接踵而至。

所有潛在的戲劇性和瘋狂的可能性都是我執行計畫的原因之一。我喜歡回饋社會，因為我的職業生涯非常幸運，有很多願意提供幫助的人，我也喜歡去培養那些我認為有潛力的年輕人。

提升整體球員水準是我擔任球員工會主席的主因，我知道有些球員因為缺乏資源、資金，最後陷入困境而無法施展身手，所以不論是個人還是財務方面，都沒辦法打下穩定的基礎，進而到ＮＢＡ展開職業生涯，我很討厭自己欣賞的球員被種種負擔或不可抗拒的因素阻撓而無法打球，他們是有能力為比賽做出貢獻的。

我想改變這種情況，籃球在各個層面上都可以給出很多機會。

我的綽號是CP3，因為我和哥哥、爸爸都有相同的首字母縮寫：CEP。爸爸是CP1：查爾斯．愛德華．保羅（Charles Edward Paul），哥哥是CP2：查爾斯．愛德華．保羅二世（Charles Edward Paul Jr.），而我是第三個，CP3：克里斯多福．伊曼努爾．保羅（Christopher Emmanuel Paul），而且我在NBA的號碼一直都是三號，所以我們AAU的球隊名字就是「CP3之隊」——代表我們的家庭。

這個組織反應了我們家的緊密關係：

我媽媽，一位前銀行家，負責所有會計事務和文件處理，就像她在瓊斯加油站上班一樣，這是她的專業。一直到今天，她還是負責幫我的AAU球隊訂所有的機票和飯店，處理一切工作細節，管理這個基金會的所有活動；我哥CJ對人才有敏銳的觀察力，不但眼光準確，還能當孩子們的導師；我爸爸以前是教練，有能力教導球員，也願意投入時間和精力，幫助這些年輕人得到成功所需的一切。

他們一起努力，親力親為，完成一項又一項任務，持續把我們的計畫推往正確的方向去發展。

我父母還會教育其他家長，讓他們知道ＡＡＵ計畫的運作方式，如果他們的孩子加入計畫，可以期待些什麼；他們還會提供ＡＡＵ年輕球員們進入職業聯盟的建議，每年都會和入選ＮＢＡ的球員家庭交談。

講到ＮＢＡ球員家庭，我爸媽一直都是大家的顧問。我爸也是那些ＮＢＡ球員父親們的領袖，身為一個黑人男性，他們覺得積極參與兒子比賽，以及到場支持是非常好的示範，我認為這很重要，因為打到ＮＢＡ頂級聯盟，很少有爸爸會用這麼積極的態度參與。

ＣＰ３之隊，我們的ＡＡＵ團隊在聯盟中競爭非常激烈，需要投入大量時間，對一些年輕學生來說，特別是他們的父母和家庭，難度其實很高，有些球員一開始喜歡這項運動，但因為嚴格的訓練，發覺這不是他們想要的，我們完全可以接受這種想法。

這個計畫的主要目標，本來就不是打造未來進入ＮＢＡ或ＷＮＢＡ的超級新秀或球星，而是想要塑造品德高尚、努力工作的人才，希望他們到下一個層級，也可以擁有機會打球，我們希望的是，打造出球場內外的領袖人物。

我們的最終目標是創造堅強、健康、充滿競爭力的籃球家庭，讓他們明白教育、工作和積極性的價值，特別是那些原本處境困難的家庭，看到一大筆錢突然投資在一個年輕孩子身上，可能會感到震驚。我們想告訴家長，您在孩子身上投資了很多，我們來幫助您確保一切處理得當。

AAU版圖不斷變化，每年參賽的成本都在上升，我投資青年體育是因為我在這裡學會了領導、工作態度、團隊合作和其他許多技能，這些技能遠超出籃球場的範圍，如果您想送孩子從事體育運動，從我們AAU團隊出發是個很好的選擇，不需要負擔那些名校的學費，也不用擔心沒有球探來關注比賽，失去成為職業球員的機會，「CP3之隊」會提供希望給孩子們，一個獲得優良教育和取得大學獎學金的機會。

這是我們團隊最大的成就——幫孩子們準備好上大學，並且灌輸責任感、歸屬感，以及更多來自爺爺啟發的教導。

社群對招生也產生巨大影響，現在的籃球已經變得更全球化，世界各地的學生球員都在網路上發表文章和影片，秀出他們球技最好的一面，提前讓那些頂級教練們留下深刻印象。

同一時間，我對提升傳統黑人大學（Historically Black College and University，ＨＢＣＵｓ）的籃球發展深感興趣，他們不像維克森林大學那樣擁有資金，可以打造頂級的大學籃球計畫。我一直以來的目標是讓一些頂尖人才去ＨＢＣＵｓ，提高人們對這所大學籃球發展的認知，進而提供資金支持。

我知道許多ＡＡＵ的球員都夢想著最終可以成為職業球員，但難度真的非常高，全世界一共有數以百萬計超級有天賦的籃球員在競爭，目標是擠進ＮＢＡ，成為四百五十個球員之一，而且聯盟每年都會辦選秀會，兩輪僅六十個名額，非常有限。我希望我們的運動員可以做好進入大學、進入聯盟，以及進入新生活的所有準備。

我們團隊中所有教練都是球員們的良師益友，不會只局限在籃球場上，教導的不僅是籃球比賽，還有關於紀律、尊重和責任的事；我們希望孩子擁有強大的團體意識，理解社會責任，懂得回饋他們的社區。而實現這個目標需要軟實力——很多年輕黑人不一定有機會學到這種軟實力，就像爺爺說的：「試著在不舒適的環境中感到舒適。」我總是把這句話告訴AAU的孩子們。

教育很重要，對我來說，完成自己開始的事情更重要，這就是為什麼我發誓一定要完成學位。我在維克森林開始念大學，我很感激那裡的教育，但後來我決定在溫斯頓－撒冷一所HBCUs完成我的學位。我喜歡這樣安排，兩個不同世界的經驗可以結合，我以後可以敘述兩個大學的故事。

我必須說，一旦你成為基層計畫的一分子，你就是永遠是我們家庭的一員，一輩子都是。

我喜歡從CP3之隊出去的孩子們回來幫忙、指導和表達感激，這點他們最懂了。你可以在任何錦標賽上，看到我們計畫的其中一支球隊，哈利・賈爾斯（Harry Giles）、西奧・平森（Theo Pinson）或某位NBA球員會在那裡幫大家加油也不足為奇。

大約有十幾位NBA球員是透過我們的計畫出去，他們都是很棒的人，也完成很多成就。有趣的是，我在NBA真的打得夠久，現在還會對上「CP3之隊」培育出去的孩子，他們習慣叫我教練，其中最成功的故事之一，第一位加入ＮＢＡ的球員，就是雷吉·布拉克（Reggie Bullock）。

雷吉就像家人，我很愛他，我從他小時候就認識了。坦白說，想到他在二〇一四年和二〇一九年分別失去姊姊和妹妹，真的很難過；他的故事很勵志，來自北卡羅來納州一個美麗的小鎮，雷吉非常努力地讓世界變好，他參與許多社區進行的活動，總是身體力行去樹立積極的榜樣，他是一個純粹的鬥士——一直到現在，依舊在聯盟中展現韌性，我們的計畫因為雷吉而感到驕傲。

除了他之外，計畫中有許多球員在籃球場內外，有了成功的職業生涯。事實上，我們培育的許多人就算沒有打到ＮＢＡ，但還是和我們家保持密切聯繫，這意味著我們一定做對了什麼事。

ＣＰ３之隊是一個家庭，我們所做的一切都是為了這個家，而這個家庭的中心思想來自奇力爺爺，我們圍繞著他而真正地存在。

所有ＡＡＵ的思想都源於爺爺的教導和領悟，我們投資基層籃球的原因也是，希望能幫助更多需要的人，這是爺爺一輩子在執行的理念：當你看到有人陷入困境，伸出援手，永遠記得和身邊的人共享成就，這就是團體和家庭；我們幫助彼此，互相支持地生活著。

我依舊記得職業生涯中最困難的決定之一，就是離開洛杉磯快艇，我喜歡在洛杉磯，喜歡我的隊友，而且我們家已經習慣在洛杉磯生活了。

我在快艇隊度過許多愉快的時光，但同時也面臨很多挑戰，和其他任何球隊一樣，有時隊上的溝通會有問題，這不是什麼大不了的新聞。當時每個人都在猜到底發生了什麼事，又或者誰說誰怎麼樣了。事實上，沒有大家想得那麼戲劇化，我們是職業球員，不管碰到什麼情緒上的問題，依舊可以保持專業，擺脫紛爭去獲得勝利，我明確知道那時隊上的每個球員都想贏。

各式各樣的挑戰來臨，我們相信自己會是下一個贏得一切的球隊。令人遺憾的是，我們還是沒有達成目標，當時快艇總教練道格・瑞佛斯（Doc Rivers）總會說：「不管要贏什麼，你需要大量的努力和一點的運氣。」我相信是真的，你永遠不知道什麼時候會受到幸運之神的眷顧，現實就是職業籃球員們的成績也受到運氣影響。

我們所能做的就是努力訓練和比賽，讓自己準備好，等待運氣降臨。

生活在洛杉磯有一定的挑戰，這是座龐大的城市，人們住在不同地區，距離遙遠，各自有很多事情要做，也有不同的目標和計畫。我從紐奧良出發，第一次到達時，感受到強烈的文化震撼，因為原本生活在比較小的城市，生活相對簡單得多。

一來一往的情況下，我試著努力交流，了解每個人的家庭，建立和隊友之間的良好關係，並利用球場外的經驗來增加我們的聯繫；過去我待過的球隊都有不同的特色，雷霆隊很棒，雖然每個人都不看好我們，但每一晚，我們都相信自己可以擊敗任何人；鳳凰城太陽隊最棒的地方是隊上有不同職業生涯階段的球員，可以為團隊帶來多樣的貢獻。

無論我在哪兒，是哪隊的球員，都會優先考慮最重要的事，就是比賽。

我把觀看比賽當作信仰，每晚都這樣，不管有多少比賽，我會邊看邊學習，這是我整個職業生涯都在做的事，我會看哪裡做錯了，能怎麼幫助隊友表現得更好，球隊有哪些地方可以一起改進，每天都一樣，每個認識我的人都知道，看比賽讓我很興奮，我甚至會在看影片時傳訊息給太陽總教練威廉斯，和他討論其中的細節，我們不需要提是哪一場比賽，就知道彼此在講哪一個戰術。

基於對籃球的熱愛，我想要去休士頓打球。我在洛杉磯很舒適，也很討厭思考過程中家人會受到的影響，這個問題非常兩難，但最終我們一起做出離開快艇隊的艱難決定。

不管工作狀況或其他事情處理得如何，爺爺和爸媽總是給我無條件的愛，這樣的能量，我的孩子們應該也要得到，這是我當時的感受，到今天還是這樣想；至於籃球，我知道如果條件合適，我可以做得更好，所以到底是留下還是離開的決定，就必須以克里斯．保羅的籃球為出發點，去達成職業生涯中最好版本的自己。

這個問題不需要獨自處理，因為我有家庭和社區的好夥伴，所以我選擇求助於好朋友兼好導師傑斯（Jay-Z），他邀請我去錄音室，聽他即將推出的專輯《四點四四》（4:44），那時我正在記錄自由球員的選擇過程，所以我的團隊帶了攝影機來拍攝。這次和傑斯的對話很特別，一開始只是為了記錄，把這些內容存成檔案留起來，沒想到最後竟然成為製作公司的第一個正式企劃！

錄音室裡，ＣＪ、我、ＤＪ無身分（No I.D.）、製作人古魯（Guru），還有傑斯，我們五個人聚在一起感覺很棒，花了好幾個小時討論人生和選擇，內容包括籃球、家庭和生活大小事。

傑斯很早就享譽盛名，是能夠做出精明決策的商業高手，於是我開始權衡所有利弊，和他討論這個艱難的課題，壓力真的很大，因為這個決定要考量球隊給的薪資、離開快艇的情感，最重要的是，會怎麼影響到我身邊最親近的人。

「真正需要考慮的是你想要全家一起搬走嗎？」傑斯說到我心裡最大的擔憂，「你內心的快樂就是一切，如果回到原點，你應該不是為別的事打球，而是為了幸福和快樂去打。」

想一想，除了妻子和孩子們，CJ和他的家人也必須搬走，因為我們一直以來都在一起。雖然哥哥一定希望我快樂，到籃球場上好好發揮，但他和他家人的幸福對我來說同樣重要，而且不只是CJ全家，支持我籃球生涯的人很多，這些人都必須考慮——我的私人廚師、訓練師、專屬醫生、安全人員等，更不用說他們的家人——我都要一一考慮才行。

「我懂你，所以直覺告訴我，你的快樂不是打不打籃球的問題，」傑斯繼續說，「多拿五千萬不會改變你的生活，不管是一億五千萬還是兩億都一樣，你會坐一樣的飛機去一樣的地方，但如果不能照你想要的方式打球，你就不會快樂。」

我不確定會去哪裡打球，但能夠和傑斯這樣的導師，還有迪士尼執行長巴布・艾格（Bob Iger）商量如此重大的決定感覺很棒，他們會說出你需要聽的建議和內容，給你更多信心向前邁進，做出這個決定很難，不過後面還有更難的，就是告訴我的孩子們這個消息。

卡琳還小，影響不大，當時還不太了解什麼是NBA球員，但我仍然需要和她說，因為她是我的寶貝女兒。

「卡琳，爸爸可能會轉到另一支球隊，」我告訴坐在我腿上的她，「休士頓，如果去休士頓，妳覺得怎麼樣？」

「媽媽會一起去嗎？」她用大大的、甜美的、無辜的微笑看著我，略帶困惑問，「當然，媽媽會一起的。」這就是她需要從我這聽到的答案，卡琳同意了。

告訴小克里斯這個決定是最困難的，他已經非常習慣洛杉磯，而且交了很多朋友，建立許多真正的友情，他也喜歡我們居住的社區、就讀的學校。我很害怕這個重新開始的決定會讓他崩潰，但這是我們必須聊到的話題。

我永遠不會忘記交易確定時，他在我辦公室電視上看到新聞報導的表情，完全心碎，我們全家要離開洛杉磯了。我把他拉到身邊，看到他臉上充滿失望，這個決定讓我們都不好受，小克里斯一想到將失去所有朋友，眼淚流了下來，我立刻伸出手幫他擦掉。

「爸，我一定要去嗎？」他問，「我喜歡這裡。」

「我需要你，小克，」我告訴他，也試著忍住眼淚，用手臂繞著他的小肩膀，「爸爸需要你們！如果你們沒有和我一起在那裡，我知道自己無法按照預期的方式在球場上表現，我需要你一起去，兄弟。」

「好的。」小克里斯堅定地回答，因為他知道我真的需要他。

我爸媽有個很重要的教育理念，就是一致性，像是我們總是住在同一間房子裡，同一個社區，被家人和同一群人包圍，這就是我們的生活，對我們來說，這件事情不困難，但我的孩子們卻不同。

我靠打籃球維生，由於工作需求，有時必須搬家，我和珍妲盡可能保持的一致性，就是爺爺說的家人和團體——建立一個由家人和朋友組成的強大支援系統。做為爸媽，我們必須想辦法盡量提供孩子們正常沒有劇烈變動的生活，我們也盡了最大的努力，但有時真的希望一切能夠更簡單容易一些。

不斷在城市間搬家移動，想要建立熟悉的社區或團體變得很困難，所以當我在二〇一九年被交易到奧克拉荷馬雷霆時，又做出另一個艱難的決定，我們打算給孩子們那個我曾經擁有的一致性，所以家人們搬回洛杉磯，這是我職業生涯中，第一次和孩子們分開，獨自生活。

效力於鳳凰城太陽時期也是這樣，不過幸運的是，飛行距離更近了一些。我在休兵日會盡可能地飛回家，多和家人相處，每一分鐘都很寶貴，特別是某些難熬的時刻，我真的只想和家人在一起。

這就是為什麼我之前說珍姐是家裡最重要的支柱，對她來說，我不在的日子並不容易，是她讓大家團結在一起。

16

光輝之日

即時表達感激之情。

——史基普・普羅瑟教練

二〇〇二年十一月十四日，我一生中永遠不會忘記的日子。

那天我填寫了入學合約，準備替維克森林大學打球，學校離家很近，但這段籃球成長之路卻走了很久。當我手中握著筆準備簽字時，感受到付出那麼多努力的心血結晶終於實現，這是我夢寐以求的一切——大學籃球殿堂。

這天對我來說很重要，對我家人來說也是，尤其是奇力爺爺。

CJ甚至開了兩個多小時的車，從南卡羅來納州立大學回來陪我，爺爺則穿著那套想當然耳的正式西裝和教堂鞋站在那裡，非常驕傲地笑著看我，他還把那頂老舊的維克森林大學帽翻出來，戴在他的光頭上，看起來就像一頂合適的皇冠。

相信很多人都看過高中生承諾去大學打球的劇場，通常會準備五到六頂不同學校的帽子，搞得像拍電影一樣，然後戲劇性地選擇一個他們要去的學校，有些人簽學校合約之前就知道了，有些人更早，入學前幾個月前就決定要去哪裡，但我不想要那樣搞，這只是簽約而已。

當時有一些記者在場，我們中規中距地進行，沒有搞得像馬戲團那樣。簽完合約之後，爺爺從他頭上取下那頂心愛的維克森林大學帽，交給我戴到頭上，我依然記得帽子散發出肥皂味和討厭的香菸味。

他把我拉過去，小聲地對我說：「克里斯多福．伊曼努爾．保羅。」他從來沒有這樣叫過我，「我會記住這一天，有生之年絕對不會忘記。」

那種感覺衝上心頭，我站在那裡，戴著爺爺的帽子，完成一生中最重要的決定。一直到今天，只要想起那一刻，情緒還是非常激動。

大家拍了照片，握了握手，就這樣結束了，ＣＪ又開著車返回南卡羅來納州。

簽完合約之後，大家各自離開，爺爺陪著我去參加維克森林大學的季前賽。不太記得那天對手是誰，只記得我很高興，因為已經正式成為「魔鬼執事」的其中一員。特別的是，那是第一次只有我和爺爺兩個人去球場，沒有其他家人，回想起來，其實不太尋常。我知道當時媽媽正在上夜班，爸爸在打掃公司賺外快，和過往家人一起行動的狀況不太一樣。

那天晚上只有我、爺爺和比賽。

我們度過了愉快的時光，很期待接下來我將在維克森林打球，這裡離家很近、很方便，新賽季將穿上背後印有「保羅」的三號球衣。我還得買一頂新的大學帽給爺爺，甚至要補上一件三號的「魔鬼執事」球衣，套在他藍色工作服外面。有一件事不會改變，就是他一定會穿上那雙最棒、他花錢買的教堂鞋，在場邊幫我加油。

過去在AAU比賽，高中校際聯賽的努力奮鬥，加上和CJ在家裡後院的訓練，都是為了這一刻，我已經做好準備，會像爺爺的那雙鞋子一樣閃耀。

驕傲感從爺爺身上散發出來，那種純粹的喜悅，其他人還以為是他要去維克森林大學打球呢；我調整了一下那頂舊的大學棒球帽，濃濃的菸味好像之前被泡在菸草裡一樣，我不抽菸，也不想爺爺抽，但我喜歡這股味道，聞起來就像家。

比賽結束，我和爺爺一起離開球場。

「明年球季準備好了嗎？」爺爺上車時這樣問，我關上車門，坐進他那輛林肯車的大皮革座椅裡，那個味道和帽子一樣，然後繫上安全帶。

「大學籃球的等級完全不同，爺爺，我必須更加專注才行。」

「沒錯，不用擔心，你有一整年的時間來準備。」爺爺慢慢地把車開出停車場，「我不會鬆懈的，」我向他保證，「要不是現在時間晚了，不然我就開始訓練！」

「今天一整天已經夠忙了。」爺爺笑著說，「克里斯，我以你為榮，好好休息。」

「你也是，爺爺，」我一邊說，一邊調整頭上的維克森林大學帽，「謝謝，謝謝你做的這一切，愛你。」

爺爺點了點頭，發動車子，我目送他離開：「到家打個電話報平安！」

他按了一下喇叭表示收到，我向他揮揮手，看著他的車沿著巷子開出去。

當時我根本不會想到，那是我最後一次看到奇力爺爺了。

17

打造領袖

跟隨者玩跳棋，領導者玩西洋棋。

——無名氏

想到簽約那一天和奇力爺爺的時光，又讓我想起另一個英年早逝的人，就是我的教練，史基普・普羅瑟。他和我相處的時間並不長，但對我的人生產生了巨大而長遠的影響。

在維克森林大學的前幾個月，有很多新事物迎面而來，其中有些是我可以預料的，像是吃一堆不健康的食物，我發誓，大一的我們幾乎是住在國際煎餅店（IHOP），因為它就在校園旁邊，隔壁還有一家必勝客，我們也很常去，但兩者比較起來，煎餅店才是我們大殺四方的地盤。

我都點豬肉捲餅——兩根大香腸包在兩片煎餅裡，那樣弄真的非常好吃。雖然現在沒那麼常去吃了，但我可以很有自信地說超級好吃，你可能在進入大學後，聽到一些有關宵夜大餐的故事，那就是我大一的寫照。

有點新鮮的是，籃球隊員很容易在校園被當成名人看待，維克森林大學有典型的大學草坪和學生餐廳，一路走過去，好像每個人都知道你是誰，這需要花點時間適應。

同學們、教職員工，幾乎所有人都喜歡維克森林大學籃球隊，有時只是走進教室準備上課，就能感受到高度存在和迷戀感，這是我人生第一次感到自己是公眾人物——大家都知道你是誰，感受到他們的瘋狂支持。

由於我是高三就同意就讀維克森林，加上來自溫斯頓－撒冷的地緣關係，高中一畢業，維克森林的粉絲們就無時無刻在關注我了。很多人說大學運動員沒辦法好好體驗大學生活，尤其是那些只打一季的人，不過我感到非常幸運，因為在維克森林大學的兩年裡，我真真切切地感受到傳統大學的魅力。

我們很常「開趴」——不是瘋狂的那種，是普通的大學派對——讓我有機會體驗到其他學生的校園生活。其中我參加了維克森林的希臘日體驗，德爾塔齊塔聯誼會（Delta Zeta）的女生們有個出名的「甜心」儀式，他們竟然選中我，其實很酷、很有趣，因為成為一個「甜心」，表示她們會經常來找你，帶些餅乾點心之類的東西給你吃。

能夠在維克森林體驗到一段相對正常的大學生活，我非常感激，但有一些事情必須承認，我完全沒有預料到，其中之一是普羅瑟教練對學業方面的要求很嚴格。

他關心我們的成績，就像關心我們在球場上的表現一樣，我爸媽非常喜歡這一點。當然，我球打得很好，這也是我來到維克森林的原因，不過我的學業表現對所有人來說都是最優先的。

我媽媽有數不清的故事可以分享，一般來說，故事開頭都是我們半夜跑去影印店，因為我都是熬夜完成報告，拖到最後一刻才去印出來，有點像這本書一樣（譯者也是）。籃球方面，我忙得不亦樂乎，但學校交代的功課也一定會完成，因為我知道，無論球技有多好，如果成績不夠好，就不能打球，P教練向我的家人保證並承諾我會在維克森林得到出色的教育，建立良好的人際關係，這些遠比籃球場來得重要。

教練還告訴我的家人，他不只把我當成籃球員，還會把我當作優秀且合群的學生，在維克森林大學的時間，他會幫助我提升這些方面。比較起來，所有試著招募我的學校裡，維克森林大學是唯一真正去建立人際關係的地方，感覺非常特別。

最美妙的是，普羅瑟教練和助理教練們一直都保持這種正面能量，這對我來說很重要，因為之前聽到太多球員抱怨，學校竭盡全力招募，結果報到之後，卻沒有花時間教育他們在籃球場以外的事，還好這種負面故事沒有發生在我身上。

我大一時常跑去普羅瑟教練的辦公室，他會問：「克里斯，今天身體怎麼樣？」

「我很好，教練。」我沒有想太多，直接回答，「你是健康的，克里斯，要說健康。」

多年後，我發現自己也會像教練一樣去糾正別人，因為他一直強調語言的重要性，始終希望球員們能在場上和場下都保持競爭力，去打破那些對於運動員的刻板印象。

P教練經常告訴我們「誠信至上」，一有機會他就會說。我和隊友們總是私底下講他如何糾正我們的文法，同時還硬把座右銘——也可以稱為「普羅瑟主義」——傳授給我們，其中我最喜歡的是：

「如果你無法準時到，就想辦法提早到」；

「不要當那個只能從三點拚到六點的人，要成為從六點拚到三點的人」；

「即時表達感激之情」。

我知道需要遵守許多規定，更何況我是一個頂尖新秀，一個麥當勞全美球員。即將入學時，維克森林的家鄉英雄，賈許·霍華德被選進了NBA，所以我有一個很高的門檻要達到，他們剛贏得ACC*冠軍，賈許被選為ACC年度最佳球員，陣中先發控球後衛是來自北卡羅來納州的大三球員塔倫·道尼（Taron Downey），後場還有我在夏洛特市的朋友傑·格雷（J Gray），我想要向他們學習，也想爭取到先發位置，高中的我從來沒有打過替補，希望在大學也不用。

* Atlantic Coast Conference，大西洋海岸聯盟，美國大學一級籃球聯盟之一。

我訓練非常努力，防守相當積極，卯足全力去展現自己的能力，為的就是確保他們可以看到我了解怎麼去組織，但普羅瑟教練還是沒有提到我可以先發的事。

我準備好迎接在紐約的第一場比賽，會在傳奇的麥迪遜廣場花園（Madison Square Garden）進行，對手是曼菲斯大學，他們有個叫做安東尼奧・伯克斯（Antonio Burks）的大四控衛很厲害。結果出發去紐約的幾個星期之前，塔倫得了盲腸炎，可能來不及趕上比賽，普羅瑟教練要我出來代替先發控球，我以為只是暫時的。

隨著時間愈來愈接近，塔倫慢慢康復了，我做了自己認為應該做的準備，和格雷搭配很順利，但如果P教練決定讓塔倫先發，我也可以接受。這和在高中不太一樣，畢竟我只是新人，還有很多時間去學習。

球隊繼續加強訓練，練球結束後，教練把我們召集在一起，然後宣布：「克里斯今天打先發控球後衛。」

我準備正式開始大學籃球員的生涯時，第一場比賽就迎來這麼大的壓力。記得那個晚上，二〇〇三年十一月十三日，我再次感受到最好朋友的存在，站在享譽盛名、歷史悠久的麥迪遜廣場花園休息室裡，套上全新的白色球衣，背後印著大寫的名字「PAUL」，第一次穿上就有種悲喜交加的感覺，讓我眼角泛淚。

這是一種幸運，但同時也是肩膀上額外的負擔，我只是大一生，卻可以擔任球隊先發，大多數打一級賽事的球員都是他們城市或州的最佳球員，現在都變成我的競爭對手。我喜歡和有經驗的老將過招，這樣可以證明自己。過去那麼努力訓練，做了那麼多必要的準備，我想要確保球隊可以贏球，這是最重要的。

第一場比賽，我們擊敗了曼菲斯，對於一個首次參賽的新人來說，我表現得還不錯，起碼努力有得到回報，先發的位置也應該滿穩的。

我知道這有些運氣，一切都發展順利，但正如我一直說的，準備好，機會來時，一切自然就會發生。當然還有一個重要原因，就是我在加油站學到的事情：堅持不懈，讓我可以在機會出現時保持最佳狀態。

講到普羅瑟主義，還有另外一個觀念我也很喜歡，一直到現在、我在AAU計畫或籃球訓練營中還在用的——人生的ABC。

C代表品格，是成為強大領袖的必要條件，你要盡一切努力去照顧好團隊中的每一個人，大學的兩年期間，我一共為P教練打了八十場比賽，其中有七十九場是先發，唯一沒有先發的一次，不是因為受傷、學業或球技，而是和負責任有關。

馬蒂·科林斯（Mardy Collins）是天普大四的控球後衛，我很期待可以和他對抗；綽號「大E」的艾瑞克·威廉斯（Eric Williams）是我這次客場之旅的室友，大E也是麥當勞全美明星，在芝加哥長大，父母分居之後，搬到北卡羅來納州念高中，個性很悠哉，擁有獨特的幽默感，還有幾個自己刺的刺青，是一個很酷的人。

客場出賽期間，時間安排很緊，從巴士到飯店，再到體育館，然後再坐上巴士回家，幾乎沒有時間讓我們去看看比賽的城市。但這不重要，因為大部分都是去比賽而已，不過這次去費城就有點不同了，球員們終於有一些額外的自由時間。身為一個十九歲的大學生，我抓住這個機會，我的老朋友里奇·保羅（Rich Paul）決定為這場比賽特地跑一趟費城。

我們打算去米丘和內斯（Mitchell & Ness），這家店因豐富的運動服飾而聞名，每個人都超愛那些球衣，我們會穿著大三碼的球衣，配上寬鬆的牛仔褲，再加上當時最火熱的喬丹鞋或空軍一號鞋。如果你和我是同一個時代長大的，就會知道米丘和內斯是個充滿回憶的地方。

從魔術強森（Magic Johnson）的湖人隊主場球衣，到以塞亞・湯瑪斯（Isaiah Thomas）的明星賽戰袍，再到休斯頓油工的沃倫・穆恩（Warren Moon），還有費城老鷹的藍道爾・康寧漢（Randall Cunningham）的球衣，那家店是運動迷的天堂。

他們不但有復古風格的球衣，還有像當地英雄艾倫・艾佛森（Allen Iverson）的球衣，以及其他你可以想到的東西。可惜的是，對於一個來自溫斯頓－撒冷的大一生來說，這些都太貴了，我們去了店裡，結果什麼都沒買，但光是看到這些球衣的收藏，對我來說已經是個巨大收穫。

「戰神」艾佛森是我當時最喜歡的籃球員，我常和媽媽分享這種熱愛。他是一個只有六呎左右（約一百八十三公分）的後衛，但他無所畏懼，可以在攻防兩端挑戰任何人。幾年前，我學他把頭髮編成辮子頭，戴上頭巾，這樣我爸爸就不會發現。我知道如果爸爸看到了，我可能還沒有反應過來，那些辮子就會消失不見。

值得一提的是，我剛好有機會見到艾佛森，那是一輩子都不會忘的時刻。

我在費城玩得很開心，充分體驗當地的風俗民情，經歷一些令人驚嘆的難忘經驗後，回到球隊下榻的飯店，和球隊開了會議，一切回到正常運作。比賽當天我準備小睡一下，這算是我的例行安排，於是對大E說：「我要打給櫃檯，請他們等等叫醒我。」

「我一點也不累，C。」大E邊看《七龍珠Z》邊說。這位大哥非常喜歡《七龍珠Z》，他是超級死忠的粉絲，所以有機會就用學校提供的筆記型電腦上網看，「不用擔心啦！反正我不睡，等等我會叫醒你，讓你準備比賽。」

「喲！不要忘記叫醒我，」我再次強調，「我不想睡過頭。」

當時我的床靠近飯店房間的門，大E的床在房間深處，大部分大學和職業球員都習慣在比賽前補眠休息一下，所以大家都知道鬧鐘的重要性。我沒有理由懷疑大E，而且他說會叫醒我，所以我就舒服地躺在床上睡著了。

感覺我才剛閉上眼睛，就立刻被一陣可怕的敲門聲驚醒，那是一連串的撞擊聲：「砰砰！砰砰！砰砰！砰砰！砰砰！砰砰！砰砰！砰砰！砰砰！」

聽起來好像是警察想要破門而入，我馬上從床上跳起來，腦袋還沒有很清楚，但直覺地向大E喊：「E！起床！」

「你們在幹嘛啊！」助理教練克里斯・梅克（Chris Mack）經過我們的房門喊著，「我們全部都在等你們！」

我恐慌地回答：「我們馬上來，」意識到我們遲到了，「大E，快起床！」

這時他還躺在床上，電腦還在播放《七龍珠Z》。

我們匆忙地收拾好東西，衝到樓下大廳，球隊的所有人都已經坐上巴士，早就準備好出發，這是我籃球生涯中最尷尬的時刻之一。我是個從來都不遲到的人，而遲到對於普羅瑟教練來說算是滔天大罪，記得嗎？「如果你無法準時到，就想辦法提早到」，我沒有遵守普羅瑟主義，更糟糕的是，我知道自己讓他失望了。

我眼光掃向巴士，左右轉頭看了看，想要在上車之前先看看教練的臉色。我永遠不會忘記，普羅瑟教練當時坐在第一排位子上，臉像冰塊一樣，根本不想看我，上巴士的那三層階梯，走起來好像有二十公里那麼遠。

雖然大E和我一樣遲到，但意義不同，我雖然是一個新人，但應該要以身作則，都已經贏得先發位置，擔任球隊的領袖，更應該做正確的事情。儘管我們只遲到了幾分鐘，但遲到就是遲到，好的領袖們總是提前到，我不能讓球隊看到一個不負責任的球員，或者不守規矩、自訂規則，這會嚴重影響球隊的化學變化。

球員生涯中，我一直很幸運可以擔任領袖，這對我來說是自然而然的事，因為爺爺為我樹立了榜樣。足球場上，我是四分衛；籃球隊中，我是控球後衛；我總是那個在籃球比賽中負責發動攻勢和得分的人；我也曾經擔任過全國籃球員工會主席；高中時是班長，還參與畢業典禮的籌備工作。

爺爺用行動告訴我領導者的真諦和精神，而遲到是非常糟糕的示範，我不追求完美，但我想尊重別人的時間和精力，所以遲到的那一刻真的讓我很受挫。

平時總會對我說些什麼的P教練，這時安靜地像教堂裡的老鼠。我知道他生氣了，能深深感受到那股氛圍，我真的很想彌補，像是道歉，或是打一場出色的比賽，一切都會好起來的。

到了球場，教練開始在白板上寫戰術，然後寫下先發陣容，我的名字沒有出現。我非常難過，大E和我都被擺在替補，因為我們讓隊友失望了，這種感覺真的不好受；感謝上帝，我們還是贏了那場比賽，否則我不知道該怎麼辦，不但讓球隊失望，還讓家人失望，這是任何人都不想看到的。

崔安·史崔克蘭（Trent Strickland），隊上的小前鋒和防守大鎖，成為那天的關鍵人物，賽後P教練被《華盛頓郵報》採訪的時候說：「如果沒有史崔克蘭，我們不會贏得比賽。」

「史崔克蘭是一個贏家，場上攻防兩端都表現出色。」我也補充，「我們必須把比賽用球給他，他激發了全隊的鬥志。」

我為崔安感到高興，也很慶幸我們贏了那場比賽。

C代表品格，當然包括在體育賽場上的精神，爺爺總是對我說這是一個團體，要為這個團隊負責，那天我失敗了，但這個團隊繼續前進，我們慶祝史崔克蘭的表現，因為他值得肯定，隊友的成就表示球隊的成功，這次也不例外。

教練本來可以罵我、責備我，甚至可以因為我不負責的行為讓我尷尬，但相反的，他只用沉默對待，失望而不生氣。好消息是，我從中學到了東西，之後再也沒有犯下相同錯誤。至於大E，他不得不找其他隊友當下次客場的室友，我則要確保每次午睡前都設定好鬧鐘。

最有價值的是，有的人你可以認識一輩子，但他們不一定會對你的思想和行動產生影響，但普羅瑟教練和我只有短暫的共處時間，卻留下永恆的影響，這只有最優秀的教練才能做到。

Ｐ教練永遠是維克森林大學的傳奇人物，在他任職期間，幫助提升觀看比賽的人數，並且創造一個我們學校著名的瘋狂加油區——尖叫魔鬼區，還帶領我們完成校史第一次排名第一；更重要的是，教練理解教育的價值，以及團隊可以改變年輕人觀念的作用，不是每個人都能進入ＮＢＡ，但他知道球隊的每個人都有機會拿到大學學位，然後利用這份文憑去敲開其他大門。他指導的每一位高年級學生，最後都獲得四年制大學學位，非常不容易。不幸的是，在他能影響和幫助更多人之前，我們失去了他。

普羅瑟教練喜歡跑步，只要有機會，不管是早上還是下午，他都會慢跑，相信我，他幾乎每天都會跑。

二〇〇七年七月二十六日，Ｐ教練跑完步後回到辦公室，坐在沙發上，突然心臟病發作。負責球隊營運的赫夫林女士發現後，趕快將他送到維克森林大學浸信會醫學中心，他在那裡被宣告不治，享年僅五十六歲。

聽到這個消息，我非常震驚難過，我清楚地記得教練去世的那一天，我在紐約的華爾道夫飯店，代表球員工會和球隊老闆、NBA聯盟長官們進行一場重要談判，當時接到前助理教練傑夫・巴托（Jeff Battle）的電話。

「他躺下了，他死了，兄弟，他死了。」巴托教練說，「他死了。」

「什麼?!」我回答，「誰死了？」

「P教練，他沒有呼吸了，他沒呼吸了！」教練繼續說，「是P教練！」

「你在說什麼?!」我說完這句，陷入一片沉默。

消息不久後就傳開了，直到今天，我還是對他的離世感到難以釋懷，但我很感激這一切的回憶，謝謝他的教導，很榮幸可以成為他維克森林傳奇的一分子。得知他去世的那一刻，我不斷想起那句他最喜歡的話：「即時表達感激之情。」

我很幸運，能夠有很多機會告訴P教練有多在乎他，感謝他對我的生活產生巨大影響。明天不保證會來，爺爺教會了我這一點，我們不能把任何事情視為理所當然，如果你愛或感激某人，永遠不要拖延，即時表達感謝，因為他們值得擁有。

我永遠不會忘記普羅瑟教練的葬禮，對許多熱愛和尊重他的人來說，他就像一位父親般的存在。我們都出席了，包括當時在黃蜂隊的隊友，大衛．衛斯特（David West）和詹姆斯．波西（James Posey）都到場致意，因為他們曾替P教練打過球；還有一大堆維克森林和澤維爾大學的球員也參加了，我很榮幸被邀請成為發言代表之一，至今依舊心存感激。

我準備好想說的話，但冷不防被人群中出現的前匹茲堡鋼人隊教練比爾．考赫（Bill Cowher）嚇到了，他和其他熱愛普羅瑟教練的名人們一起出席了葬禮。

「天啊！你絕對不會知道，如果教練看到你會有多激動，」我對考赫教練說，「他出生於匹茲堡，他愛匹茲堡愛到無法自拔！」

「我們許多練球和比賽都是先看完前一晚鋼人隊的比賽才開始！」

我現在還是不知道考赫教練和普羅瑟教練是否認識彼此，但他能在葬禮上出席，向普羅瑟教練致敬，挺有意義的。

我會永遠感激普羅瑟教練，願他安息。

18

互助的力量

別只和家人約會，而和事業結婚。

——凱文．哈特（Kevin Hart）

如今，很多人認為自力更生很容易，他們強調：「沒有人幫忙，我完全靠自己！」

錯了，我了解其他人都在睡覺時，一個人獨自奮鬥的感受，但沒有人可以獨自取得成功。

首先，一個人不能稱為「自力更生」，你之所以會在這裡，是因為你的父母或其他參與你成長的人，是那個團體塑造了你。事實上，你可以走得更遠，變得愈成功，就愈需要他人協助，甚至有時會從最意想不到的地方得到幫助。

維克森林大學大二的那一年很棒。首先，我們球隊戰績首次排到第一名，這是魔鬼執事史上的第一次。對上杜克大學和北卡大學的比賽，我表現非常出色，分別攻下二十三分和二十六分——這可是在大西洋海岸聯盟最具競爭力的時期完成的。

我們球隊以第二種子的身分進入NCAA錦標賽，先擊敗查塔努加，但不幸在第二輪輸給西維吉尼亞大學。賽季結束時，我入選了全美第一隊，也被ESPN評為全美最佳陣容之一，在維克森林大學的兩個賽季中，我累積了九百四十八分、三百九十五次助攻、一百六十次抄截，學校歷史上，助攻排名第八，抄截排名第七，雖然我很喜歡這所大學，也很想完成四個學年度，但NBA職業舞臺在呼喚，我必須做出回應。

和經紀人簽約之後，我開始與知名訓練師艾登·拉文（Idan Ravin）合作，一起為選秀會做準備。他是最懂得如何替球員準備的訓練師之一，就算沒有打過職業籃球，但拉文還是能夠訓練出最高水準的球員。

有趣的地方是，他是一名律師，但工作上的某個時期，開始對法律產業不滿意，便在聖地牙哥的小聯盟球隊擔任教練，打造一些專門為年輕球員設計的各種瘋狂訓練計畫，並收到非常好的效果。球員們的整體表現明顯提高，因此變成籃球訓練領域的傳奇，現在非常多球員指定這位飽受讚譽的NBA訓練師，像是卡梅羅・安東尼（Carmelo Anthony）和吉爾伯特・亞瑞納斯（Gilbert Arenas）等人。

我只是個大學二年級生，必須盡可能做好準備，這是我找拉文的原因。宣布參加選秀後，我收拾行李，搬到維吉尼亞州的亞歷山卓，靠近華盛頓特區附近，那裡也是拉文的家鄉。抵達維吉尼亞州時，我心裡想這個訓練師是教練和球員推薦的人，肯定很厲害，絕對可以幫我做好選秀準備，而結果告訴我他們是對的。

我們每天在一所基督教學校的球場見面，每次大約花兩個小時，拉文進行一個又一個讓我筋疲力盡的訓練。這不是開玩笑的，包括在各種圓錐體組合中奔跑，進行各種腿部之間的交叉和背後運球，訓練師版本應該是我爸版本的超級加強版。

「狀況相當不錯，克里斯，」艾登在完成訓練時說，「你用了八秒完成，但吉爾伯特・亞瑞納斯只用了六秒。」

「我們再來一次！」我立刻展現競爭力，總是這樣回答，因為我想用行動說話，所以總是咬緊牙關去追求六秒的紀錄。

隨著選秀日逼近，我開始為各隊進行試訓。第一支來看我的球隊是密爾瓦基公鹿隊，他們擁有那年的狀元籤。我不確定為什麼公鹿隊想看，因為他們已經有一位出色的先發控衛——T．J．福特（T. J. Ford），雖然他剛從背傷中復原。

艾登還告訴我，吉爾伯特要和我一起在公鹿隊面前進行試訓，我很興奮，因為我非常尊重他和那高超的球技。之前艾登一直和我強調吉爾伯特的出色成績，現在時間剛剛好，我可以利用這個機會和他一較高下，看看是不是能變得更厲害。

現在，做為一名經驗豐富的老將，我明白球員在休賽季和賽季期間的調整、訓練方式不同。我當時只是準備選秀的年輕球員，努力將自己調整到最佳狀態，而吉爾伯特可能還在休賽季的模式，這點我無從得知。

艾登讓我們先熱身，然後我和吉爾伯特再進行半場一對一，只能運三次球。我沒有誇大，在公鹿隊的球探面前，我狂電了吉爾伯特，這讓我信心大增。那時年輕球員不像現在一樣有機會和職業球員訓練，而整個過程中，我一直聽到艾登在旁邊叫：「吉爾伯特比你快一秒！多進了兩球！吉爾伯特第一次就做對了！」

「今天幹得好。」艾登一邊說，一邊握住我的手。我知道公鹿隊的球探感到驚豔，但他們可能會選擇一個內線球員，因為他們需要身高。我還是很感激，擁有狀元籤的公鹿一度對我有興趣，同時也很高興給他們留下了深刻的印象，希望這多少能夠提高身價。

更有意義的一點是，吉爾伯特願意利用空閒時間來幫助我，陪我一起訓練，一個那麼富有的NBA球星，明明可以在遊艇上悠閒度日，花時間陪陪家人，或者去做任何他想做的事，但他選擇在休賽季的日子起個大早，過來幫助我進步，他對我的支持，就像爺爺對那幫信徒所展現出來的一樣，就像家人給我的愛與支持。

這是我人生第一次得到NBA前輩的幫助和力挺，我不知道未來的日子裡，是不是還有機會和這些偉大的球星和領袖學習，除了感到興奮之外，我更珍惜這短暫較量給予的信心，讓我可以繼續努力，確保其他NBA球隊看見我的能力。

一個月後，二〇〇五年NBA的選秀會上，我被紐奧良黃蜂隊選中，以第一輪第四順位加入聯盟。直到今天，我依然非常感謝吉爾伯特來幫我訓練，感謝艾登幫我準備，讓我以最佳的順位進入美國職業球隊。

順利進入NBA，我當然非常開心，但一開始我真的很想念家人。沒有人告訴你在NBA有時會非常孤單，尤其對於一名新秀來說，幾乎都是孤零零一個人。

剛從學校出來，年紀還很輕，大部分隊友都比你大很多，他們可能有家庭、孩子、興趣，比十九、二十歲的新人扛著更多責任。我從維克森林大學出來，每頓飯都和球隊一起吃，和隊友一起參加自習，一起到球場訓練，一起上場和其他球隊比賽；到紐奧良這個新城市生活，絕對會面臨許多挑戰和調整，感謝上帝，CJ當時和我住在一起，讓我總是有個伴。

令人難過且難忘的卡崔娜颶風在我的新秀賽季開始前侵襲了紐奧良，奪走成千上萬條生命，不計其數的人無家可歸，我寫這本書時，已經過了十七年，還是有數以萬計的人無法回到紐奧良生活。我當時看著水淹過房子，完全摧毀多年建立起來的企業和公司，難民們站在建築物頂樓揮手尋求救援。

這場可怕的天災也對我們主場造成破壞，我加入的前兩個賽季，球隊無法在紐奧良進行比賽，最終只好搬到奧克拉荷馬城。

我在紐奧良認識了幾個新朋友，他們讓我在適應環境上變得容易些。不過到了所謂的「主場」奧克拉荷馬進行比賽時，我根本不認識任何人。很幸運的是，我的隊友Ｊ・Ｒ・史密斯（J. R. Smith），這位來自紐澤西打二號位的飛人球員，和我變成了好麻吉。他比我早一年進入ＮＢＡ，就住在我隔壁大約五百公尺的街道上。ＪＲ不會開車，所以每天練球之前，我都會去接他，結束後再送他回家，那種感覺很像我爸爸過去總會去接喬治・德翰。

我喜歡和ＪＲ混在一起，你很少看到我們分開。開車的路途上，我們會聊聊聯盟，聊聊家人，再聊聊夢想，以及想要實現的目標，我們變得非常要好。事實上，因為我們兩個感情超好，他曾經和我全家一起去參加郵輪旅遊，我的家庭變成他的家庭，他的家人也變成我的家人。

再一次，我要強調導師的重要性，特別我身為一位新秀球員得到的關注和協助，為我後來如何幫助年輕球員奠定了基礎。我身邊有像Ｐ・Ｊ・布朗（P. J. Brown）這樣的老將，在財務、飲食、職業精神多方面都教育我，最重要的是告訴我如何維持穩定的ＮＢＡ生涯；另外像是大衛・衛韋斯特也是我一直學習的榜樣。

記得大學時期，有一天我離開普羅瑟教練辦公室，經過巴托教練的辦公室，我看到大衛在裡面。當時他已經在聯盟打球，效力於黃蜂隊，和兩位教練一直維持著良好關係。

我們簡單聊了一會兒就各自去忙了，想都沒想到，後來我被黃蜂球團選中，和大衛變成隊友，讓適應期變得輕鬆許多，因為有一位隊內的導師在那裡。最終我們變成很要好的朋友，他也是我整個職業生涯中最喜歡的隊友。

大衛和我有種特別奇妙的關係，因為球場外，我們相處的時間不多，他不打牌，也不常外出找樂子，有些人就是這樣面對工作，只是安靜地獨處。雖然他和我在社交方面的處理方式有所不同，但到了球場上，我們卻有著瘋狂的絕佳默契，我想應該是基於彼此的相互尊重。

我們用自己的方式成為聯盟中最會打擋拆的雙人組合，我喜歡出聲音溝通，而他是行動派，只會偶爾講幾句，但不管是哪種領導模式，目的就是幫助球隊獲得勝利，大衛和我的關係在普羅瑟教練離開後變得更好，我剛進入ＮＢＡ前幾個球季，一直跟著他學習怎麼帶領球隊。

我也永遠感謝加入聯盟後的第一任總教練貝倫・史考特（Byron Scott），他教會我經驗是最好的老師，他給了充分的時間和信心，讓我待在場上去犯那些需要犯的錯誤，加快學習的腳步。這就是團隊，好的夥伴帶你飛翔，同時讓你腳踏實地，保持專注。

專注聽起來很容易，其實相當困難。想像一下，一個二十歲的小伙子，出身一般，一夕之間變成籃球明星，手裡突然多了數百萬美金，這時該怎麼辦？你沒有看過這麼多錢，要如何學會好好善用這筆收入？這種在財務上的劇烈變化可能很不利，會有一群不坦誠對待的酒肉朋友，也會有一些明知道不對卻不阻止你把錢花在錯誤地方的人。

好的團隊和導師可以避免這些陷阱，我們可以從小地方開始教育，例如介紹財務經理給這些年輕球員，幫助他們了解理財的重要性，並且善加運用不同資源，除了家人之外，NBA的隊友們也會提醒、幫助我，隨時保持謙虛的心態，直接或是間接地確保我不會一開始就因為有了錢而得意忘形。

加入NBA幾個賽季之後，我獲選進入明星對抗賽。有一次和家人在加州的茹絲葵牛排館吃晚餐，大家聚在一起，享受了一頓美味佳餚，慶祝小克里斯的生日。

過程中，我收到一封來自艾登的訊息，他告訴我有一個出色的後衛叫做喬許．哈特（Josh Hart），而我看到那封訊息以「還記得吉爾伯特那次……」當開頭時，我已經知道艾登想幹嘛了，只是這次我成為那位ＮＢＡ學長，變成吉爾伯特的位置。

當時的我正利用休息空檔幫兒子慶生，但我毫不猶豫地答應艾登，想都不用想，我會像吉爾伯特為自己做的那樣，像爺爺為哈皮和其他無數人那樣去幫助喬許．哈特。

他們約在ＵＣＬＡ的體育館，時間是早上七點到八點，我那天行程滿檔，所以我和艾登說：「我們約早上六點鐘，我會準時在那裡。」隔天一大早，天色還是黑的，我和爺爺一樣已經在體育館外的車上等了。

我想說的是，身為老將，我們會盡一切努力，向年輕的下一代傳達支持和愛，就像上一代曾為我們做的那樣，這是我們建立團隊的方式，也是維護夥伴的方式，我們必須確保將來有新一代的人繼續把這個觀念傳承下去。

希望我那天起個大早，有幫助到喬許，就像吉爾伯特幫助我一樣。這些時刻是我常和ＡＡＵ孩子們分享的經歷，我很感激ＮＢＡ籃球帶來的兄弟情誼。

19

突然的結局

我正式答應進入維克森林大學，以及和奇力爺爺去看比賽的隔天是星期五，那天早上心情大好，因為我們度過了一個美好夜晚。起床第一件事就是打電話給爺爺，確保他有平安到家。

我沒有打他家裡電話，而是打了烙印在記憶中的加油站電話：七二三三二二三二。

「瓊斯雪佛龍，」爺爺接起電話，「爺爺，我是克里斯。」

「嘿，克里斯，我猜昨天晚上那頂帽子還在你那兒，你可以留著。」

「哈哈，謝謝爺爺，我打給你只是想說聲謝謝，並且確保你安全到家，你今天需要什麼嗎？放學後我可以帶過去給你。」

「不用啦，你知道我的，克里斯，我非常幸運，一切都沒問題，別擔心。你不是說今晚有場美式足球賽嗎？去吧！玩得開心點，去和朋友一起玩吧！」

「謝謝，爺爺。」

「謝謝你打電話來，但現在有客人了，晚點再聊，愛你。」

「我也愛你，爺爺。」

爺爺記得沒有錯，那晚的確有場比賽，但我已經決定不打美式足球，要專注在籃球上，所以我很高興地去找朋友們，反正就是玩玩，無憂無慮地打發時間而已。

這一天和平常沒什麼不一樣，我下課後到了球場，那晚沒有月光，有點黑暗，我和朋友們在燈光下玩得很開心。大約晚上七點半時，我的手機響了，是ＣＪ打過來的，當下覺得有些奇怪，因為手機剛買而已，只有爸媽會打電話給我。

「喲，怎麼樣？」我說。

「我正在趕回家的路上。」聲音有點大，我聽不太清楚，覺得有點疑惑。

「蛤？你不是昨天才回家過，怎麼又來了？」

「媽說爺爺生病了。」ＣＪ說。

「生病？我昨晚才和他在一起，他沒事的，今天早上還和我講電話。」

「我不知道，只是把媽和我說的告訴你。」

我當時立刻感覺到不太對勁，胸口好像有股壓力。我趕快深吸一口氣，試圖舒緩那股焦慮，快步地離開球場，準備去停車場開車。途中遇到表哥傑夫．瓊斯（Jeff Jones），他剛好也在球場，一把抓住我。

「傑夫，怎麼了啊？」我問。

「他們殺了他，他們殺了你爺爺。」

我實在聽不懂他在講什麼，只感到心沉了下來，整個人麻木了。殺了爺爺？我不懂怎麼會發生這種事？是誰殺了他？什麼時候發生的？我只想要答案，立刻就想知道真相。這一切都很不合理，我不想相信。

當時我穿著喬丹十七代，底部有個小銅片，後面是黑色的蛇紋，我用力朝著球場後面的籬笆猛力踢了好幾下，鞋頭刮了一大道痕跡，籬笆也被我踢斷。

爺爺家距離球場大約要開二十五分鐘，我坐上傑夫的車，整路上呼吸一直很急促，讓我必須搖下車窗，脫掉上衣，試著去呼吸一些新鮮空氣，想辦法冷靜下來；

我們從克萊蒙斯維爾交流道下去，然後左轉，開一小段路再左轉，當我們車子開進爺爺家的街道時，我看到警車的燈光。那一刻就像電影裡最糟的場景，但我卻親身經歷。這根本不是夢，而是現實。

我跳下車，沿著街道開始奔跑，堂哥沙普看到我，馬上抓住我，拉進他的懷抱中，沒有人想讓我看，但我仍清楚地看到，一個覆蓋著爺爺身體大小的防水布在車庫屋簷下面，我無法相信眼前所看到的一切。

街道上只有閃爍的警車燈光、哭泣的人、落下的雨、救護車、警笛聲，還有黃色封鎖線，附近的鄰居全都難過地站在那裡，試著拼湊事情的來龍去脈，盡可能向警察提供更多線索。

車庫的場景一直深深烙印在我腦海中，爺爺的遺體就躺在那裡，上面蓋著一塊布。事後回想起來，堂哥肯定不像讓我看到這一幕，但我必須親眼看見，因為如果沒看見，我永遠無法相信爺爺真的離開了，我完全崩潰了。

隆達阿姨大聲咒罵著所有人，「你們這些混帳不要在這裡瞎掰！完全沒有人知道發生什麼事？你們其他東西都看到了，就這個沒看到?!這到底是誰幹的？」

爺爺住在貝爾維，那時所有人都聚在外面看。媽媽在這裡長大，大部分這裡的人都是做工的，周圍四處可見修剪整齊的綠色草坪。最近這幾年，由於大工廠搬家，工作機會轉到其他地方，這裡已經沒落一段時間，整個社區變得有些貧困，和很多因為當地工業變遷的地方一樣。

那一刻，我腦海中突然閃出很多以前發生的事。想起八歲時，坐在爺爺身旁參加奶奶葬禮的情景——還沒蓋上的棺材，隆達阿姨的失控，以及爺爺那個可以依偎哭泣的肩膀。但現在，誰可以當我們的依靠？誰能讓大家團結在一起？我們該怎麼辦？

我想起在加油站工作的日子，聽爺爺講故事，看著他修車，以及一次又一次地清洗雙手，試著洗去永遠不會消失的髒汙。

我想起他身上的香菸味和嘎嘎作響的假牙。

我想起爺爺坐在籃球比賽的前排為我加油，當我表現不好時給予鼓勵和愛，以及當我打出高水準表現時眼中的驕傲，他總是讓ＣＪ和我感覺自己是如此特別。

我想起那輛綠白相間的大型汽車，裡面有電視，以及ＣＪ和我曾經從教堂偷偷溜出去，跑到車裡看達拉斯牛仔隊的比賽。

我想起我們曾擠在那輛車裡，四處旅行，甚至跑到佛羅里達去玩。當然，爺爺沒有參加，因為他在努力工作。

我想起爺爺讓我開他的林肯車，以及車門把手上的按鈕，只要知道密碼，就可以解鎖上車。

我想起爺爺抽菸，以及我們想要保護他的肺時，偷偷扔掉香菸，他那生氣的樣子。

我想起爺爺的愛，以及我感受到那份愛的真實存在。

我想起生命和死亡，並想著如果沒有爺爺，我自己可以嗎？這時一個尖叫聲讓我從混亂的思緒中醒了過來。

「是誰幹的？」隆達阿姨繼續大喊，現場被兩道黃色封鎖線包圍著，更多人靠了過來，「他×的到底是誰幹的?!」我不知道以前是否聽過阿姨罵髒話，但發生這樣的事肯定需要問清楚。

爺爺住在一條算熱鬧的街道上，肯定有人看到了什麼，而且在溫斯頓－撒冷，每個人都認識我們家。很多人覺得我們像《天才老爹》（The Cosby Show）裡的哈克斯塔博家族，一個屬於中產階級的低調黑人家庭。

必須說明一點，我們家在這個城市裡有很多表兄弟和伯伯、叔叔，他們隨時準備在沒有警察的幫助下，自己想辦法弄清楚一切。

「我告訴你，你們最好在我們找到凶手之前找到他，」表哥雷吉對叔叔傑洛說。叔叔也是警察，他試著讓雷吉冷靜下來，但好像沒用。CJ正在回來的路上，還不知道任何具體情況，直到還剩一小時的車程，他才得知真相。我不斷聽到身邊的人一遍又一遍地對警察說：「你們最好找出是誰幹的。」

最後，我們已經沒有什麼事可以做了。在爺爺家的街道上，所有人站在那裡哭泣。上晚班的媽媽和CJ到距離爺爺家不遠的教堂會合，我們全家人擁抱在一起，好希望這個惡夢不是真的，但一切已經成為事實。

思緒混亂的一個星期，大家拼拼湊湊，希望能把事發經過還原，雖然這對我們的心情沒什麼幫助：

陪我簽完合約，離開維克森林大學的校園，爺爺把車停在家門口的街道上，開始把剛購買的食物拿下車，據說有五個大約十幾歲的年輕人包圍上來，這些人是不是知道他是加油站老闆，身上可能有大量現金，所以預謀對他下手？否則為什麼要這樣做呢？一直以來，爺爺照顧著所有人，有那麼多人來加油站，沒有足夠的錢加油或修車，但仍需要用車，爺爺總是願意幫忙，並提供合理的分期付款方案。我無法想像那些欠款加起來有多可觀，他就是這樣的好人，在我們社區，大家都尊重他、保護他，或許應該說，他值得受到更多保護。

我一直在想，這些對爺爺下手的人，腦子到底在想什麼，很顯然的，他們根本不知道襲擊的是誰，這些人大可強行搜身，搶奪現金，然後離開，但他們偏偏痛下毒手，狠心地殺害了爺爺。

這些年輕孩子也許是當地人，也許不是，他們把爺爺的手放在背後綁起來，用膠帶封住嘴巴，然後用鐵棒狠狠地敲打，好像爺爺是壞人，是阻礙年輕人完成希望和夢想的人，好像爺爺曾傷害過他們，好像爺爺不是一個努力照顧家人和社區的長輩，很難不把這種結局歸咎於整個社區的變化，那種責任感一不小心就會喪失，真的太容易了。

奶奶去世後，爺爺獨自住在城市的另一邊，有時我們想說服他搬來和我們一起住，但他不願意。我知道爺爺想要有自己的空間，雖然當時不太理解，但現在我明白，他沒辦法放下這個造就他的社區，他也一直堅信著，留在那裡幫助周圍的人，去改善一切是他的責任。我還是不敢相信，爺爺在他這麼深愛的社區裡失去了性命。

奇力爺爺，我的爺爺，我將永遠以他為榮。原本的心臟問題，加上被暴力毆打和不確定的恐懼，導致心律失常，最終奪走了他的生命。這些都只是為了錢，爺爺一定會把錢給他們的，只要他們開口就好，其他人都是這樣找爺爺幫忙的。

爺爺享年六十一歲，只有六十一歲。

他是我們整個家族的支柱，也是社區的支柱，他是我這輩子最好的朋友。

接下來的幾天，我們全部人都只待在家，瓊斯加油站暫時關閉，我不記得什麼時候重新營業，也忘記爺爺去世和舉辦葬禮的一些細節。只記得自己一直哭，沒有心思去處理任何事情。如果爺爺不是發生意外，如果他是自然老死，或者像溫斯頓－撒冷的很多人一樣死於肺癌，感受會大不相同。

本來我們家應該有時間來安排長輩的後事，但爺爺的生命是用這種無法預期的方式結束，這真的很傷人，我的心都碎了。六十一歲，他明明還有更長的人生可以享受，我們應該有更多時間來陪伴他，老當益壯的六十一歲——不應該這樣結束。

經歷巨大創傷之後，腎上腺素消退帶來的疲勞讓人只想睡覺，我只要清醒時就會希望這一切都不是真的。悲劇是星期五晚上發生，星期六和星期日，我們不用上學都待在家，星期一是十八日，葬禮是二十日星期三，我根本不記得自己中間有沒有去學校。

常會聽到人們對經歷困難時期的朋友說：「我懂你的感受。」不好意思，根據我的經驗，不，他們不會懂的。

每個人失去的人事物不同，我從爺爺那裡學到如何應對這些時刻。當瓊斯加油站的信徒們遇到困難時，爺爺只會說一句話，不是「我了解你的感受」，而是「如果你想聊聊，我都在這裡聽」，爺爺離世後，這可能是我最有感觸的事情。

我們為葬禮做了很多準備，這將是一場盛大的葬禮，必須確保一切都安排好了。事實上，夢之地教會無法容納所有想參加的人。不得已，我們把舉辦地點移到到克利夫蘭大道，那裡有整個城市最大的教堂。

感覺上，好像我認識的人都來參加並表達對爺爺的愛，甚至整個維克森林大學籃球隊都來了。我當時還沒去報到，但普羅瑟教練和全部隊員都出席葬禮並支持我，當時我總是很低潮、很難過，所以這種支持對我來說意義相當重大。回想起當年瑞秋奶奶去世的情景，那段時間有多麼困難。當時我坐在爺爺旁邊，他告訴我要為了媽媽堅強起來，而現在我們卻站在這裡，送他最後一程。

整個葬禮感覺很沉重——對我來說實在太沉重了，我真的不想待在那裡，但這是爺爺的葬禮。即便過了這麼多年，我依舊很不習慣面對死亡。葬禮總是瀰漫著一股冰冷的氣氛，到處都是悲傷和淚流滿面的臉孔。很明顯，所有參與的人都已經心碎到無法自已，衛生紙盒和紙巾在人群中傳遞著。你會看到訃聞，通常用印刷的，旁邊會有一張已故者的照片，附有簡短的人生履歷和時間表，還有某個親戚侄女所寫的詩句，以及剩下家族成員的名單。

我最害怕的環節就是家屬瞻仰未蓋上的棺材，想像一下，你只是個孩子，卻要走近看著一個沒有生命的身體，一個曾經花非常多時間和你相處的人，而且你知道那個人永遠不能再擁抱你，再說一聲「我愛你」。

這些遺體在殯儀館的眾人前出現，每個人都說著一樣的話：「喔，禮儀師妝化得還不錯，那個身體看起來很好。」這根本是謊言，那些遺體永遠不會看起來很好，到底為什麼要這樣安排？我覺得很恐怖，他們的說法是，來到教堂，在棺材闔閉之前，每個人都可以看親人最後一眼，而大多數情況下，這個舉動會引發多個家庭成員心中最大的情緒崩潰，放聲大哭。

奶奶的葬禮上，闔上棺材的那一刻，隆達阿姨情緒失控了，心中的傷痛透過她的眼睛流了出來，滴到她的雙手上，然後沾到試著安慰她的親朋好友身上。

棺材闔上時，總會觸動人們內心深處的痛苦，但在爺爺的葬禮上，棺材一直是打開的，他身上穿著那套教堂西裝，這是我那天對他外表唯一記得的事情，因為我不想把那樣的他放在腦海中，我想記住的是，幾天前帶我去看維克森林大學比賽的他；我想記住的是那個人，那個唯一有勇氣自己開加油服務站的爺爺，即便當時沒有人認為他能做到。

不過爺爺的葬禮上，有一個畫面在我腦海中深深烙印下來。

有一段時間，大家坐在教堂的長椅上哀悼，包括媽媽、爸爸、叔叔、阿姨和一些表兄弟姊妹，聽著詩班唱著《我的靈魂之錨已拋牢》，我看到媽媽站了起來，彎著腰，微微地顫抖著，你可以看出她已經耗盡所有能量，她的靈魂似乎被徹底擊垮。

我想過去擁抱她，表達自己也能感受到她的痛苦，通常這是爺爺會做的事，但現在不再是了。她孤獨地站著，肩膀上扛著全世界的重擔，雖然痛苦，但媽媽靠著足夠的信念繼續撐著，我們都無法做些什麼，然後她抬起雙手，仰望著天空，彷彿是想最後一次擁抱她的爸媽。

葬禮結束後，許多社區的朋友都到了爺爺家，對我們來說，這是葬禮後的傳統。聚會上有足夠的雞肉，可以餵飽整個北卡羅來納州的人兩次，不管是炸的還是烤的，你能想到的煮法統統都有。還有火雞腿、蔬菜、甜薯、起司義大利麵，以及各種派和蛋糕，食物實在太多太多了，我們根本吃不完。接下來的幾個禮拜，我都吃不下東西。

很多朋友都來送食物，嘗試多少幫一點忙。沒錯，我們的生活還是要繼續，雖然事實令人悲傷和難過，但還是要接受，人都會死，甚至是悲劇性的死亡，但我們每天還是必須起床，做好自己的工作，讓人生繼續前行，為了身邊的人繼續努力，而我們也做到了。

對我來說，最難專注的事情之一，是擔心媽媽如何調適。她是爺爺的大女兒，感情非常好，也非常愛爺爺，只要有機會，媽媽都迫不及待地向他表達愛意。

我無法想像媽媽的聲音會變得如何，她每天早上叫醒我的聲音，她和爺爺、阿姨一起笑談故事的聲音：這幾年來，偷聽那個熟悉的聲音是我一天愉快的開始，他們會聊著教堂壞女人試圖接近爺爺、聊加油服務站的生意，聊我和CJ怎麼成長得那麼快，聊她工作上的問題，以及許多其他事情。如果媽媽和爺爺都不用上班，他們可以聊上好幾個小時，早晨對話總是充滿喜悅。

現在再也聽不到媽媽在早晨電話中的笑聲，再也感受不到她和爺爺交談時，愉悅的聲音和內心的興奮，這讓我感到害怕，但我知道自己必須堅強起來，為了媽媽，為所有人，爺爺肯定希望我這麼做。

思索媽媽如何度過這一切的同時，我意識到自己也需要找到一種療癒方式。運動和其他活動可以讓我暫時不去想發生的事情，所以我盡可能保持忙碌，並且希望可以奏效，但最終，我們還是得面對自己的情感。

我覺得最難以理解的是，整個社區的人都認識奇力爺爺，沒有人會在頭腦清醒時去傷害他——不管是服務社區的爺爺，還是在夢之地教會的爺爺，或是其他角色的爺爺——但這一切都無關緊要了，因為悲劇已經發生。

面對悲傷的方式很多，像是直接談論或接受治療——我們兩種都沒有嘗試，反而是讓日子忙碌起來，盡可能不去想，但好像不是最明智的選擇。

除了忙碌，我還有一個滿有效的處理方式，就是去蒐集能讓我想到爺爺的物品。

葬禮前，我去了爺爺的家，翻了一下他的東西，當然，我已經有一些屬於他的物品了，這麼多年來都保存得好好的——但這些東西沒辦法和爺爺的金錶相比，我看到那支錶放在櫃臺上，立刻拿起來戴上。

我記得這種叫做金屬伸縮錶帶（Twist-O-Flex），不是純金，比較像是金鍍的、有彈性的錶帶，脫下來時，手腕上會留下痕跡，因為爺爺很常戴這支錶，那時我就決定戴著，有好長一段時間，我每天都戴著那支手錶，這樣就可以隨時帶著爺爺的一部分。

那支金錶，再加上爺爺在我簽約那天給我的維克森林大學帽，是我一生中最珍貴的財產——這些是奇力爺爺曾經陪伴我的證據。

20

比賽終了

二〇〇二年十一月二十日，
北卡羅來納州的溫斯頓－撒冷，
帕克蘭高中對上西福賽斯高中。

「ＣＰ，你已經得五十九分了！」我的隊友這樣大喊著。

我有意識到自己打得挺出色的，但不知道手感竟然這麼火燙，燙到隊友不斷傳球給我，他們都想看我能連續投進幾球。這可不是出手一百次刷出來的五十九分，而是扎實地火力全開。除了得分，我還繳出籃板、助攻都達到雙位數的大三元，整張紀錄表都是我的名字。

暫停結束，我和隊友重新回到場上，簡單跑個發球戰術後，再次把球交到我手上；我開始運球，往籃框推進，此刻我的思緒非常清晰，自己已經得到五十九分了。

我帶球到球場左側，開始在防守者間穿梭，接著朝著禁區右側前進，做了一個猶豫墊步後，用我一生觀察球場的敏銳度，發現一個機會，我往禁區切入，甩開緊貼跟防的後衛，對方中鋒飛了過來，我在空中用身體做了對抗之後，以拋投的方式出手，然後球進了，我跌倒了，躺在地板上的那一秒鐘，我意識到剛剛完成一個永遠不會去超越的成就。

六十一，六十一分。哨聲響起，那個中鋒打手犯規，我還有一次加罰機會。時間還剩九十秒，距離喬丹的單場得分州紀錄六十七分只差六分，打破紀錄其實近在咫尺，表示我有機會超越有史以來最偉大的球員，並被記載在該州的紀錄冊上，沒有人知道何時會被打破。

我站上罰球線，以上的念頭在腦海中閃過，我閉上眼睛，深吸一口氣，讓自己平靜下來，裁判把球發到我手上，許多家人和朋友，尤其是和爺爺有關的人，都在觀眾席上看著，一種感覺瞬間湧上心頭，我想到的全是和爺爺相關的事：我從他身上學到的觀念；我在加油站度過的時光；他知道我要去維克森林大學時，遞給我的帽子；當我知道他離開時的那種創傷和痛苦；我的家族成員們；以及，我永遠無法見到他了。

我再深深吸了一口氣，這是我有生以來吸過最深的一口氣。

我運了一下球，爺爺是我最好的朋友，現在是，永遠都是。

我沒有完成罰球動作，而是直接將球扔到場外。

我往場下走，看到了爸爸，立刻撲進他的懷裡哭了起來，因為疲憊、因為解脫、因為爺爺。

六十一。

安息吧！奇力爺爺，我永遠愛你。

21

安息吧！爺爺

人生中有許多打擊，但永遠不要讓自己被打敗。

——馬雅·安傑洛（Maya Angelou）

我在維克森林大學打每一場比賽之前，都會在國歌演奏時，把護貝好的奇力爺爺訃聞拿出來看，上面寫著……

〈腓立比書〉四章十三節：「我靠著那加給我力量的，凡事都能做。」

內森尼爾·「奇力」·佛萊德里克·瓊斯先生，於二〇〇二年十一月十五日星期五，在居住地莫拉維亞街九〇五號意外去世，他在一九四一年三月二十二日出生於溫斯頓—撒冷市，是已故威利和羅馬·瓊斯的兒子。

他在一九五九年畢業於卡佛高中，一生中自力經營瓊斯雪佛龍三十八年（北卡羅來納州唯一黑人私人擁有的加油服務站），並在夢之地公園教堂成為終生的基督徒，擔任過執事會主席和成員，迎賓委員會主任，男聲合唱團成員，以及主日學成員，他的妻子瑞秋．瓊斯於一九九三年二月去世。

家人的愛和奉獻永遠存在他的記憶中：兩位愛女蘿萍．J．保羅（查爾斯）和隆達．J．理查森（安東尼奧）；四位疼愛的孫子查爾斯．保羅二世、克里斯多福．保羅、雷吉諾．理查森和安東尼奧．理查森二世，以及一位疼愛的孫女特奎亞．理查森；三位姊妹艾薇塔．拉特利奇（華盛頓特區）、埃絲特．哈格勒（喬瑟夫，維吉尼亞州奧克頓）和哈蒂．瓊斯（馬里蘭首都高地）；七位兄弟詹姆斯．瓊斯、休伯特．瓊斯、奥德爾．瓊斯（羅莎琳）和霍巴特．瓊斯（卡羅琳）（皆為溫斯頓—撒冷居民）、湯馬斯．瓊斯（羅莎，麻州艾爾斯）、喬治．瓊斯（帕崔夏，羅利）和雷吉諾．瓊斯（埃塞爾，沃克敦）；一位妹夫羅斯科．J．海因斯（喬安，芒特艾里）；敬愛的朋友海澤爾．吉爾伯、奧德里娜．蓋瑟、亨特．希爾夫婦、威利．克勞福德；教子德龍．西蒙斯；以及眾多的侄女、侄子，其他親戚和許多敬愛的朋友。

每次你遇見他並問：「你怎麼樣？」他回答：「我一生備受恩典且充滿祝福。」

葬禮將於二〇〇二年十一月十九日星期二下午一點三十分在克里夫蘭大道基督教會舉行，由羅納德・費雪牧師主持。

安葬入土將在皮德蒙紀念公園的家族墓地進行，家族探視時間將於星期二中午十二點至下午一點三十分在教堂舉行，家屬希望用捐款代替花圈，捐款可以送至夢之地公園教堂建設基金。（羅素）

刊登於《溫斯頓—撒冷日報》二〇〇二年十一月十八日至十九日。

剩下的故事你們都知道了。

我進入NBA，非常幸運地擁有一段成功的職業生涯，我設計的每一雙喬丹品牌的鞋子，上面都有一個雪佛龍標誌，這樣我比賽時就可以向爺爺致敬。

我的家人，特別是爺爺，成就了今天的我，現在的我，每一天都努力實現他的價值觀，希望他為我感到驕傲。

22

真相大白

這座山的頂峰是下座山的山腳，繼續努力爬吧！

——瑪麗安娜．威廉森（Marianne Williamson）

二〇二〇年，我在奧克拉荷馬州的奧克拉荷馬市，離爺爺去世已經快要二十年了，現在記者不斷報導他的謀殺案，提出許多問題，因為一位關鍵證人翻供。這件事對我的影響很大，也把那段時期許多痛苦的回憶帶了回來，我替家人感到難過，特別是媽媽和隆達阿姨，她們被迫重新想起那段可怕的往事。

記者開始提問時，過去我感受到的痛、CJ感受到的痛，以及媽媽和阿姨的痛苦，全都回到我的記憶中。現實更殘忍，那些談話節目主持人和記者們認為，為了頭條報導和收視率，可以拿別人的創傷和最黑暗的事情來開玩笑。

我知道自己的價值觀，知道爺爺如何教育我，所以我努力做一個大度的人。我想起喬治，爺爺收留那個坐過牢的年輕人，第二次機會是真實存在的。

「清白專案」（Innocence Project）重啟了爺爺的凶殺案，更有趣的是，爺爺的案件是北卡羅來納州被提起的第二個，第一個是麥可．喬丹的父親詹姆斯．喬丹（James Jordan）的謀殺案。我沒有說他們是因為我和喬丹才感興趣的，但想到這個節目性質和他們常缺乏資金，好像一切都很合理了。

「清白專案」提交了申請，向特別委員會表示想重審案件，這對我們家人來說非常艱難。聽證會原定在新冠肺炎席捲世界之前，但疫情震驚了世界，封鎖了一切，我們被迫隔離。我在線上看完了凶嫌在法庭上受審，了解到十七歲時不知道的許多事情，其中最痛苦的部分是看到媽媽和阿姨必須重新翻出那些創傷，還是一個接一個被揭開。身為家人，我想用愛來保護她們不要再次受到傷害——這是記者永遠不懂的部分。

十七年後，我第一次見到五個被定罪男孩中的其中四位，他們在二〇〇四年和二〇〇五年分別接受審判。他們當年和我一樣年輕，但如今都已經長大成人，容顏上刻著只有法律能在他們身上留下的痕跡。

我沒有學過心理學，也不了解五個悲傷階段是什麼東西，但我能夠理解什麼是憤怒的感覺。爺爺的死讓我這一生都有足夠的悲憤和怒氣，有時這種憤怒會在球場上發洩出來，和朋友吵架時也會，或者一件困難的任務無法完成時，那種挫折感也讓我沮喪。但當我意識到這種憤怒不會讓爺爺回來，就必須向前看，並且開始接受心理治療，我慢慢了解這一點。

我常想到監獄和犯人，讀過相關書籍，聽過演講，也看過研究，還有所有那些和坐牢有關的電視節目。很明顯的，我本來以為監獄是為了好好處罰真正殘忍的壞人而設，但我一直回想著那些年輕人，當時只有十四、十五歲左右的孩子們，我的內心無法相信，把這樣年紀的人送進監獄關個五十年是對的，我花了很長時間才真正接受。

人們有時會做出糟糕、可怕的決定，甚至是不可挽救的決定，但如果能從中吸取教訓，並努力彌補被傷害的人，那你應該獲得第二次機會，這就是救贖。

我們社會缺乏這種想法，大部分的處理方式就是把犯罪的人送進監獄，確定他們沒辦法獲得資源去影響其他人。時間到了之後，他們回家，覺得自己在社會中沒有立足之地——基本上就是貼上標籤，這像是去挑戰他們，讓他們再犯錯，然後我們又坐在那邊指責社會體制的失敗。

我想到他們必須面對的現實，以及他們經歷的一切，隨著爺爺案件的聽證會開始，令人煩躁的消息浮出水面：首先，關鍵證人潔西卡．布拉克（Jessicah Black）在會上撤回之前全部的證詞，那是定罪這些當時還是男孩、現在是成年人的重要證據，但現在她卻收回這些陳述。

布拉克最初在審判中，說她當晚開車帶著這五位年輕人在莫拉維亞街附近遊蕩。那裡是爺爺居住的地方，她聽到五個人計畫搶劫，甚至聽到他們打死爺爺的聲音。現在她卻說這一切都是捏造的，是警方逼她說的，那些男孩也是被逼的，他們如果不這麼做，就會被判刑而只好配合。

除了那位女子的證詞之外，這些年輕人在爺爺凶殺案中被定罪的主要證據，是其中一個人使用了爺爺的信用卡，但聽證會上沒有人提到這一點，讓我感到非常沮喪。

第一次審判是我大學二年級時，大約在意外發生後兩年，我很想參加，像爺爺希望我做的那樣，在那裡支持媽媽和隆達阿姨，但爸媽都不希望我在場，因為案件有太多不確定性了。當時男孩們的律師叫他們五個人「溫斯頓－撒冷五」，因為他們非常年輕，而且像多年前惡名昭彰的中央公園案一樣，有五人犯罪，他們試著把案件轉走，因為我的公眾形象有可能會影響到審判的公正性，我的出現會讓情況變得更複雜，他們想盡力避免所有可能的不利因素。

現在，凶嫌的律師代表引進新的嫌疑犯，表示真正犯下罪行的人們，這段時間可能一直逍遙法外，從來不需要付出代價。

有一件事我知道：爺爺，我最好的朋友和最大的影響者，應該獲得正義，不是人為的正義，而是社會需要的正義，可以給我們家庭一些平靜感的那種正義，我以為十七年前，我們家已經獲得正義，但現在，痛苦又浮出水面。

終於，我們家族為奇力爺爺找到正義。

二〇二二年四月二十八日，三名法官小組裁定，辯護方無法證明被告無罪，判決維持不變，媽媽和阿姨在聽證會上非常勇敢地回答問題，我們終於感到這件事情結束了，正義得到伸張。

23

差異

小小的善意比巨大的刻意更有意義。

——奧斯卡・王爾德（Oscar Wilde）

爺爺傳承給我們很重要的一件事，就是保持繼續向前的意志，不要被悲劇束縛。他教會我勤奮的重要性，懂得去照顧家人和社區，還有必須有策略的作戰，因為如果沒有計畫，就無法照顧好家人，或是做好任何事情。

我一直知道爺爺給的人生教訓是寶貴的，這點從我一路走來的過程中不難發現。爺爺的謙遜本性和工作態度指引著我的職業籃球生涯，做為全國籃球員工會主席，我常思考他的教導，一切過程中，他對我的信心讓我對自己也充滿信心。

我一生中所有的成就，不是偶然或幻想的結果，而是戰略規劃的結果，這種規劃在我籃球生涯所剩的時間裡持續帶來回報，希望我退休之後，可以延續到商業領域的下一章，這是很幸運的，能夠利用我的努力成果來提升、給予那些和我一樣認真的人力量。

我每天都靠著爺爺的價值觀做事，二〇二〇年五月二十五日，就是小克里斯生日的第二天，有一位名叫喬治．佛洛伊德的黑人來到明尼蘇達的寶德霍爾公園社區、東三十八街和芝加哥大道交界處的雜貨店，買了一包香菸。

綽號「大男孩」的佛洛伊德那天過得很糟，和店員意見不合，幾分鐘之後，店員走到他的車子旁邊，懷疑他用一張二十美元的假鈔，隨後兩人發生一些口角爭執。沒過多久警察就來了，他們到現場將佛洛伊德壓在地上並銬上手銬，接下來的事你們也知道了。

喬治．佛洛伊德的謀殺改變了歷史，我們充滿種族歧視主義的國家發生永久的改變。

從費蘭多．卡斯蒂利（Philando Castile）、沃特．史考特（Walter Scott）、弗

雷迪・格雷（Freddie Gray），到拉奎・麥當勞（Laquan McDonald）和麥可・布朗（Michael Brown）——美國已經令人噁心地習慣在電視機上看到，黑人男性生命倒數的最後幾分鐘，甚至是死亡，這些殘忍的謀殺事件發生後，影片會不斷在網路上傳播、分享、討論、反覆地分享，次數高達好幾億。

佛洛伊德的事件不一樣，因為他有留下足跡，人們可以了解他。

他是一位樂團的饒舌歌手，曾發表過音樂作品，還打過大學籃球比賽。只要上網查他的名字，任何人都可以看到這位大男孩快樂活著且自由奔放的樣子——表示他人生旅程的具體化，所有搜尋他真實身分的人都會產生同情心。

除此之外，致命的新冠病毒大流行席捲全球，導致數百萬人死亡。一瞬間，我們被推入長久生活中最具挑戰性的時期，肺炎病毒讓我們癱瘓，被迫暫時關閉學校、企業、體育賽事，以及我們所知的世界。

大家都只能待在家中，好像得到自閉症一樣，大部分時間都看著電視螢幕——如果沒有看自己訂閱的新聞頻道，就是在社群媒體上——不斷地關心，我們何時可以擊敗這種致命的病毒。

因此，佛洛伊德的影片在網路上發酵——他被銬在地上，氣喘吁吁，資深警官德里克・蕭文（Derek Chauvin）用膝蓋壓在他的脖子上，蕭文根本沒有把佛洛伊德當作人看待，超過九分鐘的畫面，全世界都看到了。

黑人社區的人們很合理地感到極度憤怒，因為我們多年來一直知道有這種過當的執法行為，但這還是第一次，有機會親眼目睹一個黑人遭受如此令人害怕的虐待，大家無法轉臺看別的，因為每個電視頻道和社群媒體平臺上都在播放這起事件，全國人民都看到這一位黑人男子呼喊著媽媽，死在鏡頭前面，一切只為了一包香菸和一張假鈔。

接下來好幾個星期，抗議和暴動接二連三地出現，各種不同國籍、種族、性別的公民們走上街頭參與活動，好像這個世界經過好幾百年之後終於醒了，意識到在美國，一個黑人的生活有多麼困難。

身為一個職業球員，在一個以黑人為主的ＮＢＡ聯盟中，很多人盯著我們，想知道我們會怎麼回應非裔美國人面臨的不平等。雖然我們不是政治人物，但我們擁有一個平臺可以發聲，可以利用球員的專業技能成為團體中的領導者。

變革之風吹起，NBA決定扮演一個重要角色去教育所有教練、球員和工作人員。我們進入佛羅里達州的NBA泡泡園區，在奧蘭多把球隊送到ESPN世界運動中心的節目上，用隔離的方式，完成二〇一九年到二〇二〇年賽季，這段時間沒有人可以進來，也沒有人能出去，我們就是比賽，然後日復一日從飯店到球場來回，這一季很孤獨、很艱難、很有挑戰性。

經歷佛洛伊德謀殺案和泡泡園區賽季，NBA和美國籃球員工會的長官們，試著把嚴重的種族歧視議題搬到檯面上，並討論一個職業運動聯盟如何去影響和改變，泡泡內每個人的房間裡都放了一本蜜雪兒・亞歷山大（Michelle Alexander）的精彩著作《新吉姆・克勞法案》，這本書詳細討論了監獄體制，有太多人認為監獄就是拿來關無可救藥的犯人，但亞歷山大解釋了，許多無辜黑人輕易地被押進監牢，永遠無法脫身，是一本出色的故事作品集。

亞歷山大在書中寫到：

「大規模監禁和吉姆・克勞法案之間，最重要且具有爭議的是，兩個都可以用來定義種族在美國的意義和重要性。」

「事實上，任何種族階級制度的主要功能都是當下時代種族的定義，奴隸制度定義了黑人種族的意義，而吉姆．克勞法案定義了黑人為次等公民的意義；今天的社會，大規模監禁定義了黑人在美國的意義，就是黑人是罪犯，尤其是黑人男性。」

能夠成為具有影響力的職業聯盟其中一員，去爭取社會正義，我感到振奮，同時也知道ＮＢＡ球員們理解團結的力量，這讓我感到更欣慰。閱讀書籍是一個很好的開始，但身為球員工會主席，在知道球員們有強烈感受的情況下，我們必須做更多才行。

如果是奇力爺爺，他會怎麼做呢？

我們找到一個解決方案，這會是一個強而有力的聲明，有那麼多人觀看ＮＢＡ比賽，球衣背面除了可以繡上名字之外，也許每個球員都應該傳達更重要的訊息。想像一下，世界上最好的籃球員，在這個獨一無二的舞臺上，整場比賽不斷提醒你一條對他們來說非常重要的訊息，全世界都會看到我們多樣化的想法。畢竟，疫情期間，每個人都只能在家看比賽，就算不是籃球迷也會看到。

這是ＮＢＡ之前從來沒有做過的事情，也是全國前所未有的方式，想要真正實現這一點並不容易。我們很快就想到，用開放式的方法讓球員自由發揮會有很多麻煩，如果有球員想在球衣背後寫上「ㄍㄢ四聲川普」，我們就必須阻止，絕對不能因為訊息的多樣化而失去力量。

畢竟這是為了社會正義，為了像雅各布・布萊克（Jacob Blake）被槍擊後，聯盟暫停比賽的那種正義，如果連最熱愛的比賽都可以不打，球衣背面的訊息肯定相當重要。考慮到這一點，我們規範出一些社會正義的詞句，像是：

- 黑人的命也是命
- 反種族主義
- 聽我們說
- 教育改革
- 我是一個人
- 說出她的名字
- 我不能呼吸

・立即的正義
・協助
・平等

我猶豫了很久，一共改了三次球衣背面的訊息。一開始我選「和平」，第二次改成「說出她的名字」，最後我改成「平等」。我的想法是，如果寫著平等，就能談論任何事情，我們國家在警察和種族主義方面有嚴重問題，但還有其他問題，例如住房、教育和饑餓，我想點出所有問題，寫上「平等」，就沒有任何局限。

這次聲明活動讓我有機會反思自己在聯盟參與的所有事情，其中印象最深刻的是二〇一三年，快艇隊老闆唐納・史特靈（Donald Sterling）因種族歧視而被禁賽的事。那時球員考慮可能要在季後賽罷賽，或是球團考慮要官宣負責這個錯誤行為，藉著之前這樣類似的經驗，我在處理泡泡園區棘手問題，以及布萊克槍擊事件後是否要繼續比賽的時候，更知道要如何應對。

二〇一六年的體壇奧斯卡「年度卓越運動獎」（ESPYs）頒獎典禮上，想想有點瘋狂，我和勒布朗・詹姆斯（LeBron James）、德韋恩・韋德（Dwyane Wade）、卡梅羅．安東尼站在一起，為「黑人的命也是命」運動發聲，告訴球迷們這項運動需要支持的重要性。

我們的基金會一直在努力去幫助更多社區建立平等的競爭環境；我的個人團隊一直在支持、提升黑人歷史大學，除了完成維克森林大學的學位外，我還以一個溫斯頓－撒冷州立大學生的身分，成為ＨＢＣＵ團隊的一分子，最終也順利獲得學位，能以這種方式代表黑人團體，我感到非常自豪，甚至隨時帶著學生證，我明白有時不是嘴上說說，還要捲起袖子親自去做。

計畫是我們從爺爺那裡學到的，做為球員應該要懂得和管理階層合作，共同制定大家想要完成的目標，我們策略性地創立社會正義聯盟，並且投入高達三億美元到這個計畫當中，這對我來說意義重大，因為我的故事主角是一位黑人老闆，關心支持黑人企業的理念不能停。

隨著ＮＢＡ的聲明活動起跑，一些來自美國職業足球大聯盟（ＭＬＳ，Major League Soccer）的黑人領導者聯繫了我們，並進行一次良好對話，這舉動讓人振奮。大多數職業聯盟都各自為政，互動極少；我們談了約一個小時，彼此都為了同樣的理想在戰鬥，特別是招募人才方面，當時整個MLS聯盟，只有兩位黑人教練和兩位黑人總經理。

我們進行了溝通，將宣傳團結視覺行動的想法和彼此分享，結果讓我非常感動，大家的想法極為相似，賈斯汀．莫羅（Justin Morrow）提到他們想要設計一件衣服，我們也喜歡這個主意，因為聯盟中有許多球員不只會打球，其他領域也才華橫溢。像是羅素．威斯布魯克（Russell Westbrook），我打電話給威少，看看他的時尚品牌「榮耀天賦」（Honor the Gift）是否願意參與其中。

我們做的一切都是希望給予泡泡聯盟意義，在這個艱難時刻要支持黑人人權，許多球迷還很年輕，不知道我們花的錢、幫助的企業可以在未來多年創造很多機會給黑人團體。事實上，球迷沒有關注這些——他們只想看精彩的比賽，不過看比賽就是我們宣傳團結和平等的機會，讓他們知道我們在乎，希望他們也在乎，這本《CP3：爺爺的智慧與傳承》的意義就在這裡：關心和倡導。

爺爺教我的一切，讓我能夠處理許多複雜問題，和MLS合作，幫助聯盟球員，上場幫助球隊贏球，以及在家和珍妲、孩子們的家庭生活平衡美滿，我之所以能夠做到以上這些，是因為內森尼爾．「奇力」．佛萊德里克．瓊斯先生是我的導師、老闆，以及深深影響我的人，這個人碰巧是我的祖父，我的爺爺。

後記　爺爺的傳承

一個人完成心中對自己人民和國家的責任時，就可以安息了。我相信自己已經盡了這份努力，因此我將永遠睡去。

——納爾遜・曼德拉（Nelson Mandela）

我從來沒有這樣想過，但三十八歲時，我在這個地球上已經活超過和爺爺一起度過的十七年了，而他還是影響我最大的人。每次遇到困難或被迫做決定時，我都會想「如果是爺爺，他會怎麼做？」答案很快就會浮現出來。

現在的我想到爺爺所做的一切，可以面帶微笑，雖然他的離世仍令人心痛，但共度的時光讓我可以不斷向前走。

在那些糟糕的日子，我會因為爺爺沒看過我穿大學或ＮＢＡ球衣而感到難過；

當然我也知道，當我獲得年度最佳新秀，拿下助攻王、抄截王或贏得一些金牌時，他會從天上往下俯視微笑。而我好奇的是，如果我失去冷靜，和裁判發生衝突時，爺爺會給我什麼建議？我也無法想像他知道我打進NBA總冠軍戰的反應會多激動？

隨著職業生涯的進展順利，我開始在許多平臺上獲得演講的機會，內容總是以爺爺教我的事情為主。

除了在NBA戰場上拚搏，我對成為講師很有興趣。首先，我決定以自身經歷出發，會一直回顧爺爺和我們的故事，以及他教導的工作態度、家庭、信仰、領導、社區，以及走自己的路，這麼多普世真理，我希望用這本書，第一次公開和家人、朋友、球迷們分享。

我知道這本書某些方面可能有點難閱讀，因為充滿很多心痛的時刻，但我是用愛撰寫下來的，就是因為這些經歷，讓我成為今天的自己，也希望我的故事能感動且激勵人心，為什麼我不斷強調自己的成長是靠著身邊的人，這本書清楚地說明了原因。

我爺爺在同時處理家庭、朋友、工作的情況下，依舊游刃有餘，保持平衡，甚至還能抽出時間把這些智慧傳授給我，現在我很自豪，有機會與你們分享。

爺爺的傳承應該要永遠留存，這是我進入NBA以來，一直不變的主要任務之一。

二〇〇五年，我發起一個慈善活動，目的是彰顯爺爺的精神和溫斯頓－撒冷社區：

我在維克森林大學成立「內森尼爾．瓊斯」獎學金，幫助有經濟需求的學生，如果你是來自西福賽斯高中或溫斯頓－撒冷區的畢業生，我們會優先考慮，其次是維克森林大學的籃球員；另外，我們家人和溫斯頓－撒冷基金會達成共識，讓他們成為CP3合作夥伴，一起進行慈善事業，像是民生居住基金會、希望成真基金會、兒童送餐計畫等。

奇力爺爺真的是很特別的人！我寫這本書是想讓更多人知道，他和我之間的關愛、依賴、相信的美好關係，而且現實生活中，超級英雄真的存在，希望這本書可以鼓勵你們勇敢前進，找到最好的自己。

感謝

謝謝所有人，謝謝每一個幫助過我的人，是你們讓我從書中提到的年輕男孩，變成現在的男人。有太多的名字無法一一列出，我不想漏掉任何人，所以我只想說，你們都應該知道是誰，感謝你們在我成長路上的支持、鼓勵，以及愛。

珍重，再見。

AUTHOR 系列 030

CP3：爺爺的智慧與傳承

作者—**克里斯・保羅**（Chris Paul）
十二次入選NBA全明星賽的球員，兩度獲得奧運金牌，也是全國籃球運動員協會的前主席。在場外，他是父親、丈夫、企業家、活動家及慈善家。他創立CP3籃球學院，並透過克里斯・保羅家庭基金會持續為弱勢社區提供資源，改善當地生活。

作者—**麥可・威爾邦**（Michael Wilbon）
現居馬里蘭州的貝塞斯達，屢獲殊榮的記者，並是ESPN節目《對話中止》（Pardon the Interruption）的聯合主持人。他在體育報導領域已有三十多年，並與查爾斯・巴克利（Charles Barkley）合作撰寫暢銷書《我可能錯了，但我懷疑》（*I May Be Wrong But I Doubt It*）和《誰怕大黑男人？》（*Who's Afraid of a Large Black Man?*），兩本書均為《紐約時報》暢銷書。

譯者—**楊正磊**
澳洲昆士蘭大學運動管理碩士，現為體育賽事主播／球評／活動主持人／講師。譯作《史蒂夫・柯爾：如刺客般沉著，如禪師般睿智》和《希臘怪物揚尼斯：永不放棄的MVP》。

時報文化出版公司成立於一九七五年，並於一九九九年股票上櫃公開發行，於二〇〇八年脫離中時集團非屬旺中，以「尊重智慧與創意的文化事業」為信念。

副總編輯—邱憶伶
副主編—陳映儒
封面設計—兒日
內頁設計—張靜怡
董事長—趙政岷
出版者—時報文化出版企業股份有限公司
一〇八〇一九臺北市和平西路三段二四〇號三樓
發行專線—（〇二）二三〇六—六八四二
讀者服務專線—〇八〇〇—二三一—七〇五
（〇二）二三〇四—七一〇三
讀者服務傳真—（〇二）二三〇四—六八五八
郵撥—一九三四四七二四 時報文化出版公司
信箱—一〇八九九臺北華江橋郵局第九九信箱
時報悅讀網—http://www.readingtimes.com.tw
電子郵件信箱—newstudy@readingtimes.com.tw
時報悅讀俱樂部—https://www.facebook.com/readingtimes.2
法律顧問—理律法律事務所 陳長文律師、李念祖律師
印刷—家佑印刷有限公司
初版一刷—二〇二四年十二月二十日
定價—新臺幣五二〇元
（若有缺頁或破損，請寄回更換）

CP3：爺爺的智慧與傳承／克里斯・保羅（Chris Paul）、麥可・威爾邦（Michael Wilbon）著；楊正磊譯. -- 初版. -- 臺北市：時報文化出版企業股份有限公司，2024.12
272 面；14.8×21 公分. --（AUTHOR 系列；30）
譯自：Sixty-one: life lessons from papa, on and off the court.
ISBN 978-626-419-049-7（平裝）

1. CST：保羅（Paul, Chris, 1985-） 2. CST：職業籃球
3. CST：運動員 4. CST：傳記 5. CST：美國

785.28 113018129

ISBN 978-626-419-049-7
Printed in Taiwan